HERÉDALES LO MEJOR

(ÓMO FORMAR HIJOS QUE LLEGUEN A SER ADULTOS FELICES

JOYCE THOMPSON

DEDICATORIA

A mis maravillosos hijos, Víctor, Steve, Jason y Joseph. ¡Que Dios les conceda a cada uno de ustedes ser instrumentos de la justicia de Dios, ayudando a extender Su gloria, hasta que cubra la tierra!

RECONOCIMIENTOS

Mientras escribía este libro entrevisté a un número de personas sobresalientes en el campo de la educación, a padres que tienen hijos maravillosos, y aquellos que han trabajado ampliamente con niños y jóvenes.

Mi agradecimiento especial a quien ha sido mi mejor amigo y maestro, mi amado esposo Carroll Thompson.

Mi gratitud a Víctor Thompson, nuestro hijo mayor; Pam Thompson y Carol Ann Perry, nuestros permanentes y exitosos maestros; Carl y Alice Nine, educadores, excepcionales padres, abuelos y pastores; Laurel Sabin, quien tiene un doctorado en educación especial; Dottie Jones, mentor, consejera y voluntaria en el departamento de justicia criminal de Texas.

Y agradezco también a Ron y Carol Keller, padres de ocho hijos; David y Wanda Alldredge, padres de tres niños; Warren y Sheril Stevens de Australia, padres de cuatro niños, y por último pero no por ello menos importante, a mis propios padres que vivieron vidas piadosas de paz, ordenadas y compatibles. Estuvieron .casados 63 años y durante ese tiempo nunca los vi discutir o pelear.

CONTENIDO

1. Donde Dios está; hay orden 7

2. Orden en la casa 13

3. La importancia del padre 17

4. Satanás tiene un plan para sus hijos 31

5. Cosas en el disco duro 37

6. Tratando con la rebelión 43

7. Los niños son como caballos de carreras 49

8. El dolor es una parte necesaria de la vida 55

9. Conceptos importantes en la crianza de los hijos 69

10. Errores en la crianza de los hijos 87

11. Ideas falsas que destruyen el orden en la casa 103

12. Suicidio y violencia en los adolescentes 115

INTRODUCCIÓN

Criar a sus hijos será lo más importante que usted haga en la vida. Es nada menos que la oportunidad de participar activamente en el plan redentor de Dios. Pocos padres entienden el gran privilegio que esto representa y la magnitud de su responsabilidad delante de Dios.

A través de la Biblia, Dios ha expresado Su deseo de establecer un orden en el hogar, de modo que los hijos fructifiquen como semillas de justicia, santidad y rectitud. Dios podría haber existido eternamente y evitarse el dolor de amar hijos rebeldes. Sin embargo, escogió el papel de Padre.

Dios mandó a Jesús, su Unigénito, a la tierra a derramar Su sangre para ofrecernos la salvación y así ganar otros hijos e hijas y establecer un patrón de vida que podamos imitar.

Por lo tanto, nuestra meta como padres cristianos es reproducir la justicia, santidad y rectitud de Cristo en nuestros hijos y prepararlos para que puedan elegir los caminos y la voluntad de Dios en sus vidas.

El problema es que la paternidad puede ser una pendiente resbaladiza. Y o lo sé porque he criado cuatro hijos y dos hijas. Con facilidad nos sentimos abrumados e intimidados.

En la Iglesia del primer siglo había un lugar especial para las viudas con hijos mayores. Parece que se trataba de un lugar de honor, pero pudo haber tenido un motivo más trascendental. Probablemente era para distinguir a las mujeres que estaban calificadas para dar consejo a las más jóvenes; debido a su experiencia.

No tenemos esa sección en nuestras congregaciones hoy en día, pero persiste la necesidad de sabiduría y palabras de ánimo de aquellos que han recorrido el camino y que ahora son capaces de guiarnos y apoyarnos durante el viaje. ¡La experiencia cuenta!

Espero que encuentre en estas páginas la sabiduría y el aliento que necesita para llevar a cabo su tarea de padre. Todo lo que se necesita decir del tema sería difícil tratarlo en un solo libro, además de que no he intentado abarcar todo al respecto. Mi punto central es el lugar de preponderancia que debe ocupar la justicia de Dios en la educación de los hijos. Estoy convencida que esto le ayudará para saber cómo realizar la tarea de criar hijos e hijas que sean agradables al Señor.

Recuerde que usted es más que un padre o una madre. Dios le ha hecho un eslabón vital en Su plan eterno.

CAPÍTULO I

DONDE Dios ESTÁ; HAY ORDEN

Dios vive en un orden de justicia. Eso significa que habita en un entorno que es moralmente recto, virtuoso, de leyes perdurables, ético, bueno, honesto, justo, imparcial y confiable. Considere lo siguiente:

Dios vive en pureza, donde no hay mezcla de lo bueno y lo malo.

Dios vive en perfección, donde no hay fallas o defectos.

Dios vive en plenitud, donde no hay carencias.

Dios vive en la eternidad, donde no hay muerte.

Dios vive en fidelidad, compasión, generosidad, gracia y misericordia.

La esencia de la obra redentora de Cristo, es decir, la naturaleza de la justificación divina es establecer un orden. Así que la voluntad y el propósito de Dios para Sus hijos e hijas, es conducirnos al orden donde Él habita.

1 Pedro 1:14-16 dice: «*…como hijos obedientes, no os conforméis*

a los deseos que antes teníais estando en vuestra ignorancia; sino, como aquel que os llamó es santo, sed también vosotros santos en toda vuestra manera de vivir; porque escrito está: Sed santos porque yo soy santo».

Cuando Dios dice, «sé santo» ¿a qué se refiere? La palabra *santo* significa moral y espiritualmente excelente o perfecto. La esencia de Dios es la santidad. La santidad es la característica inherente, permanente y natural de Su existencia. Él nos está diciendo: «Quiero que tú también seas moral y espiritualmente excelente».

Como cristianos, la santidad debe ser la verdadera esencia de quienes somos, porque Dios mismo nos ha mandado ser santos. Esto debe ser posible ya que cuando Dios nos da un mandato es porque es posible llevarlo a cabo. La mayoría de los cristianos son muy débiles espiritualmente, pues no ven la santidad como posible.

Las palabras que expresan la esencia de Dios, son *justificación, santificación y rectitud.* Estas son las palabras que utilizaré en este libro para expresar las cualidades que quisiéramos ver desarrolladas en nuestros hijos. La meta al criar a nuestros hijos debería ser encaminarlos a la justicia de Dios.

Romanos 14: 17 dice: «..*porque el reino de Dios no es comida ni bebida, sino justicia, paz y gozo en el Espíritu Santo».* Esto también es orden, respeto y ausencia de rebeldía.

El desarrollo del orden de justicia

Desde la creación, Dios expresó Su justicia haciendo clara la importancia del orden. Comenzó Su obra creadora trayendo orden en el caos {Gén. 1:2}. El trabajo de Dios en la creación fue establecer un orden, y durante cada día de la creación, iba dando vida, en forma ordenada. El orden es necesario para sostener la vida.

Dios separó primero la luz de las tinieblas para que la luz hiciera posible que las cosas crecieran, sosteniendo la vida. Dice Génesis 1:7 que Dios, «separó las aguas que estaban debajo de la expansión, de las aguas que estaban sobre la expansión». La tierra seca apareció y la llamó Tierra y a las aguas las llamó mares. Puso semillas en la tierra y creció la vegetación. Plantó semillas de árboles que a su vez diesen frutos con semillas. Después separó el día de la noche para formar el día, los años y las estaciones; el sol para el día y la luna para gobernar la noche. También colocó las estrellas en su lugar y después creó criaturas vivas para las aguas, pájaros para la tierra y los cielos y todas las criaturas que se mueven, y les ordenó a todos fructificar y multiplicarse. Todas las cosas vivas tenían su orden.

En el sexto día, Dios creó el ganado, los animales que se arrastran sobre la tierra y al hombre y a la mujer. En Génesis 1:26 Dios dijo, *«Hagamos al hombre a nuestra imagen, conforme a nuestra semejanza».* Y señoree sobre cada cosa viviente que se mueve sobre la tierra. En el séptimo día, estableció el descanso, lo bendijo y lo santificó, y la creación fue completada.

De este modo Dios estableció un orden para todas las cosas vivientes. Introdujo el concepto de semilla y permitió al hombre señorear sobre todo lo que Él había creado. Las semillas crecieron debido a que se nutrieron con luz, tierra y agua. El hombre también produce semillas y estas semillas también necesitan ser nutridas. En el orden de Dios, hay un padre y una madre para nutrir la semilla que se volverá un bebé. Los dos son extremadamente importantes para el desarrollo de un ser humano normal. Dios desea una semilla justa, santa y recta.

El orden de Dios en la sociedad

Después vemos el orden de Dios de justicia en los diez mandamientos {Ex. 20). Cuando Dios dió los mandamientos a Moisés, estableció el orden en el cual se fundamentó una nación justa así como toda sociedad. Los mandamientos son la base moral para la vida y establecen el orden necesario y la dirección correcta para vivir.

Estos mandamientos no fueron un capricho pasajero que Dios después pasara por alto, y los dejara a un lado. Al contrario, los mandamientos son la base fundamental de la justicia divina sin los cuales el hombre no podrá alcanzar la santidad. Los mandamientos fueron tan importantes para Dios que los escribió con Su propia mano en la piedra y los entregó a Moisés. El orden es necesario para la vida de la sociedad. Note lo sigmente:

En el quinto mandamiento dice que los hijos deben honrar a sus padres, estableciendo así la paz de Dios y la honra en el hogar.

En el sexto mandamiento, leemos «no matarás», señalando el orden de Dios y el respeto por la vida.

En el séptimo mandamiento, se nos ha ordenado no cometer adulterio, con lo cual queda establecido el pacto matrimonial dentro del orden de Dios. La salud y la estabilidad del hogar, dependen de este orden.

En el octavo mandamiento, no robar, instituye el orden de

Dios de justicia y el bienestar por lo que poseemos.

En el noveno mandamiento, no dar falso testimonio, se determina la justicia, paz y seguridad en el orden de rectitud de Dios.

El décimo mandamiento, no codiciar lo ajeno, constituye un freno para vivir bajo control, lo cual nos guarda de la explotación del sistema del mundo.

Si uno no guarda estos mandamientos, no puede ser santo, y no puede agradar a Dios. Sólo una semilla justa vive en el orden de justicia de Dios.

Cuando Dios mandó a Su Unigénito Hijo, Jesucristo, a la Tierra, envió un ejemplo vivo de justicia y santidad. A través de Su ejemplo, podemos apreciar que es posible traer orden y los lineamientos de Dios a nuestras vidas. «*Y estando en la condición de hombre, se humilló a sí mismo, haciéndose obediente hasta la muerte, y muerte de cruz*» (Fil. 2:8).

La obediencia fue la llave central en la vida de Cristo. La justicia y santidad que Él demostró, brotó de Su ser, y se volvió vida, al hacer la voluntad de Su Padre en todas las cosas. Fue obediente aun en el sufrimiento de la muerte en la cruz. A través de Su muerte aseguró el perdón para todos los hombres que le reciben y vienen a Su justificación. Él fue el clímax de la obediencia; Jesús fue la semilla de justicia.

CAPÍTULO 11
ORDEN EN LA CASA

A la luz del orden que Dios ha establecido en la creación y en la sociedad, resulta razonable decir que también ha establecido un orden para el hogar. Si seguimos ese orden, nuestras familias serán prosperadas. Pero si vamos por nuestro propio camino haciendo nuestra voluntad, fracasaremos. Debemos entender Su plan y seguirlo, si nuestros hijos han de ser formados en justicia.

¿Cuál es ese orden para la casa?

En Génesis 3:16, Dios pone al hombre a cargo.

Efesios 5:25 dice: *«Maridos, amad a vuestras mujeres, así como Cristo amó a la iglesia, y se entregó a sí mismo por ella».*

El hombre entonces esta cargado con falta de amor.

Efesios 5:22-24 dice: *«Las casadas estén sujetas a sus propios maridos, como al Señor; porque el marido es cabeza de la mujer, así como Cristo es cabeza de la iglesia, la cual es su cuerpo, y él es su Salvador. Así que, como la Iglesia está sujeta a Cristo, así también las casadas lo estén a sus maridos en todo».*

No se trata de preferencias culturales sino de principios dados por Dios. Cuando llevamos a cabo los lineamientos divinos, el hogar se fortalece pues es edificado en orden y paz.

Efesios 6:1 dice:»Hijos, obedeced en el Señor a vuestros padres, porque esto es justo».

Esta Escritura establece el principio de «oír y obedecer» como la actitud que Dios indica que los hijos deben tener en casa. Este es el mandato de Dios para sembrar en los niños valores acordes a la justicia divina.

¿Cuál es la actitud de la justicia?

En Lucas 1:17, un ángel anunció que Juan el Bautista cambiaría la desobediencia de los hombres por una actitud de justicia, a fin de prepararlos para recibir al Señor. ¿Cuál es la actitud de justicia? Veamos las siguientes Escrituras que hablan de la actitud de justicia, rectitud y santiad:

Éxodo 19:5 dice: «Ahora, pues, si diereis oído a mi voz, y guardareis mi pacto, vosotros seréis mi especial tesoro sobre todos los pueblos...»

Isaías 1:19 dice: «Si quisiereis y oyereis, comeréis el bien de la tierra».

Deuteronomio 6:3-4 dice: «Oye, pues, oh Israel, y cuida de ponerlos por obra, os mandamientos) para que te vaya bien... oye, Israel: Jehová nuestro Dios, Jehová uno es».

Ezequiel 12:2 dice: «Hijo de hombre, tú habitas en medio de casa rebelde, los cuales tienen ojos para ver y no ven, tienen oídos para oír y no oyen, porque son casa rebelde».

Estas Escrituras del Antiguo Testamento nos señalan el corazón de la justicia divina: «escucha y obedece.» Por lo tanto, el rechazo a oír es desobediencia y rebeldía.

Jeremías 11:4b dice: «Oíd mi voz y cumplid mis palabras, conforme a todo lo que os mando; y me seréis por pueblo y yo seré a vosotros por Dios».

Dios solemnemente demanda que Israel: «Escuche Mi voz», así que en Jeremías 11:4b, Él dice que debido al rechazo a escuchar: «No los escucharé en el tiempo en que ellos clamen a mí en sus problemas».

Leamos Jeremías 11:1-7 y veamos cómo el Señor siempre se condujo con Israel en esta forma. Lo único que Dios requería para mantener Su pacto con el pueblo, era que «oyeran y obedecieran». Dios no ha cambiado Su actitud hacia aquellos que se rehusan a oír y obedecer. La Biblia abunda en enseñanzas en relación a esto.

«Oír y obedecer» es la actitud del justo. Nuestra meta como padres es desarrollar en nuestros hijos, un espíritu dispuesto a «oír y obedecer», para que la justicia y la santidad puedan ser formadas en ellos, y cosechen así las bendiciones de Dios.

Cuando enseñamos a nuestros hijos a oír y obedecer, los estamos disciplinando también para la eternidad. Es una preparación esencial para aprender a vivir aquí, para Dios, y posteriormente, vivir con Dios. El reto entonces es que nuestros hijos escuchen las instrucciones de Dios y obedezcan sin rebeldía, sabiendo que tiene un propósito, por lo que lo harán con buena actitud.

Si comprendemos este concepto, nos impactará la

trascedencia de la disciplina en la vida de nuestros hijos, de la cual nosotros somos responsables. Si ellos nunca aprenden a escuchar y a obedecer a sus padres terrenales, ¿cómo pueden aprender a escuchar y obedecer a Dios?

Los niños viven lo que aprenden, y aprenden lo que viven. Si se rehusan a aprender obediencia, el espíritu negativo o la naturaleza pecaminosa con que nacieron, tomará control y los marcará para una vida entera de desobediencia y fracaso. Se debe empezar desde muy temprana edad, manteniéndose firme con amor, pero siendo constante en el esfuerzo.

Sea diligente en desarrollar una actitud de «escuchar y obedecer» en sus hijos, para que la justicia y la santidad sean formadas en ellos.

Si son lo suficientemente grandes para entender lo que usted les dice en cualquier otra área, usted los puede enseñar a «oír y obedecer». Una casa en donde los hijos han aprendido esto, es un hogar de paz.

¡Dios está esperando una semilla de justicia! Una semilla que escuche y obedezca Su voz.

CAPÍTULO 111

LA IMPORTANCIA DEL PADRE

Es difícil comprender que los seres humanos, con todas nuestras fallas, podamos acudir a Dios, el Creador del universo para pedirle ayuda. Si esto es posible, se debe a que Dios es un Padre con un corazón lleno de amor paternal, pero, también con autoridad de Padre. Él es accesible y desea que le conozcamos. Una de las maravillosas revelaciones de la Biblia es que Dios es nuestro Padre.

Si perdemos la perspectiva de que Dios es un Padre, podemos fácilmente extraviarnos en muchas de las modernas ideas de quién es Dios, y por lo tanto no comprenderemos completamente Sus propósitos. La razón por la que Dios es un Padre, es que ha escogido serlo. Él podría vivir para sí mismo y evitarse el dolor de amar hijos rebeldes. Pero nuestro Dios tiene deseo de hijos, y ha actuado bajo tal anhelo.

Dios es el prototipo o modelo original del cual las copias (en este caso los padres) están sacadas. En otras palabras, Él nos ha dado un ejemplo de paternidad mostrándonos Su corazón de Padre así como Su autoridad paterna. Ha transmitido al hombre el sublime amor de un padre y le ha extendido Su autoridad en el hogar, para que la semilla de justicia, santidad y rectitud pueda ser establecida en la tierra.

El padre humano debe ser la imagen del Padre Celestial, y debe trabajar con sus hijos, disciplinándoles en la misma forma en que Dios lo hace.

Un padre suple las necesidades físicas de sus hijos, pero también las espirituales, para que puedan ser moldeados en semilla justificada que llene la tierra de la gracia de Dios.

Esto se convierte en un desafío para todo hombre que desea llegar a ser padre y para los que ya lo son pero que han sido negligentes. ¿Colaborará usted con Dios haciendo la parte que le corresponde en Su plan? ¿Conducirá su vida para sacar adelante la semilla de justicia para el Señor? Dios tiene un plan, y ese plan es que los hijos tengan a un padre a quién imitar.

Cualquier hombre puede ser padre, pero ser un padre santificado es difícil. Para poder producir los resultados deseados, el enfoque de su vida debe ser su hogar. Debe relegar cualquier otro propósito y amar a su esposa. Debe guardarse de impurezas morales o sexuales.

Si los hijos contaran con el sabio y protector amor, y la guianza del corazón de un padre que camina en la rectitud que Dios ha establecido, muchos de los problemas que enfrentamos hoy, se disiparían. Un padre consagrado proveerá a sus hijos una clara imagen de quién es Dios y lo que Dios espera que ellos sean.

Desafortunadamente muchos padres se han inventado un dios acomodándolo a su parecer, más que moldearse ellos mismos a la similitud del corazón de Dios. Creen que pueden criar hijos santificados viviendo como les parece, ignorando el orden divino de ser como Cristo.

Un corazón de padre

Tanto la ternura de un Padre como su autoridad son necesarias para la formación del alma de un hijo en la justicia y rectitud de Dios.

La imagen que tenemos de Dios como padre, ha sido principalmente formada por la relación con nuestro padre terrenal. Si educamos a nuestros hijos bajo las normas del mundo en vez de los principios de Dios, estaremos presionándolos para obtener sólo el éxito material. Lo que la sociedad exige es que sean productivos y que busquen el reconocimiento, la posición y el poder a cualquier costo; ignorando los preceptos divinos.

Pero ser aceptado por la sociedad, cuyo enfoque es sólo el éxito material, siempre estará condicionado. «Vales por lo que tienes», señala, por lo tanto, el reino del mundo es un reino de rechazo.

No obstante el Reino de Dios, es un reino de amor infalible. No nos falla aunque nosotros fallamos. El Señor no es vengativo hacia nuestras debilidades, sino imparcial. Él no se deja impresionar por nuestra apariencia o personalidad. De hecho, dice la Escritura que Él tiene contados los cabellos de nuestra cabeza, lo que debería indicarnos qué tan íntimamente nos conoce y cuánto le importamos. Su corazón, inclinado hacia nosotros, es el modelo para todos los padres.

Veamos lo siguiente con atención.

Primeramente debemos entender que el corazón de Dios está dispuesto al amor para con nosotros, sus hijos (la Biblia los llama «semillas»). Su deseo es que nos desarrollemos y perfeccionemos para Su Reino.

Segundo, el corazón de Dios es un corazón de amor, lealtad, bondad, misericordia y benignidad hacia aquellos a quienes ha formado a Su propia imagen. Él se comunica con nosotros, se mantiene accesible y derrama su compasión. Su deseo es que sus hijos le conozcan y sientan que pueden acercarse a Él. Deuteronomio 32:4 dice que Él es un Dios fiel y sin injusticia.

Él nunca abandonaría a Sus hijos. Él es un Dios de protección, de provisión, calidez, ternura, gentileza y amador de lo bondadoso y lo justo. Él es lento para la ira; un Padre perdonador que se deleita en ser misericordioso y que quiere estar involucrado íntimamente en cada aspecto de nuestra vida. Él nunca será malévolo, posesivo o materialista.

La Escritura nos revela otra faceta de Dios:

Romanos 11:22 dice: *«Mira, pues, la bondad y la severidad de Dios; la severidad ciertamente para con los que cayeron, pero la bondad para contigo, si permaneces en esa bondad; pues de otra manera tú también serás cortado».*

Dios es un Dios bondadoso, pero también puede ser severo hasta el punto de cortar a las personas de Su bondad. Esta es la actitud que Dios dehe tomar para preservar la justicia, santidad y rectitud; virtudes esenciales que sustentan la vida.

Educar a nuestros hijos es cosa seria. Padres, analicen profundamente la esencia del corazón de Dios y hagan su mejor esfuerzo para ser como Él en carácter y disposición. Recuerden que la meta es reproducir en nuestros hijos el carácter de Dios, Sus emociones y Sus atributos. Haciendo esto, la influencia que tengamos en ellos será de por vida.

La autoridad de Dios

La autoridad de Dios no es severa y vengativa. Por el contrario, Dios es en sobremanera cuidadoso y paciente. Dios se sienta en un trono, lo cual demuestra su posición de autoridad. Él está sentado ahí no porque tenga un gran ego que dice: «Mírenme, soy maravilloso». Más bien Él se sienta ahí porque es un Padre y es fiel a las criaturas que ha creado. Él se sienta para ver que Su rectitud y Su justicia estén siendo mantenidas a través de Su eterna vigilancia.

El ser humano no nace programado para obedecer las órdenes de rectitud que Dios requiere. No somos como los animales que viven y actúan como están programados para hacerlo. Dios deseó que el hombre fuera creado a Su imagen. Pero además el deseo profundo del corazón de Dios es que el hombre escoja serle obediente y anhele separarse de todo aquello que lo mantenga alejado de la rectitud y la justicia de Dios.

La autoridad de Dios sobre nosotros y Su corazón de amor nos lleva a ser conformados a Su rectitud. Empezamos a ser como Él, a medida que vamos separándonos de nosotros mismos y escogemos obedecerle y hacer Su voluntad antes que la nuestra.

Dios es un disciplinador. La Biblia dice que aquel a quien Dios ama, corrige y disciplina.

Hebreos 12:4-6 dice: «Porque aún no habéis resistido hasta la sangre, combatiendo contra el pecado; y habéis ya olvidado la exhortación que como a hijos se os dirige diciendo: Hijo mío no menosprecies la disciplina del Señor, ni desmayes cuando eres reprendido por Él; porque el Señor a quien ama, disciplina, y azota a todo el que recibe por hijo».

Él nos disciplina para nuestro bien, para que podamos compartir Su santidad. El concepto de Dios para criar hijos es mostrar Su amor hacia ellos, corrigiéndoles cuando es necesario. Si nosotros no disciplinamos a nuestros hijos cuando lo necesitan, no estamos operando el tipo de amor recto que nuestro Padre Celestial siente por nosotros.

1 Timoteo 4:7b dice: «... *ejercítate para la piedad*».

El propósito de la disciplina es hacernos santos. Para que la disciplina sea efectiva, tiene que haber autoridad detrás de ella, y el propósito de la autoridad es establecer y mantener el orden. Al traernos al orden, Dios nos lleva finalmente a la libertad y la justicia de Su reino.

Lo opuesto a la autoridad es el desorden. En el desorden, los impulsos carnales gobiernan sobre nosotros. Nos volvemos presa de la lujuria y el pecado. Las características de un hogar establecido en la desobediencia son: desorden, conflicto, aislamiento, co-dependencia, orgullo, problemas, situaciones sin resolver y una carga extrema de egocentrismo.

La autoridad y la disciplina son tremendamente importantes en la formación de nuestro hogar. No vendrán por sí solas; deben ser instituidas con toda intención. Escuche esta Escritura:

Isaías 32:17 dice: «*Y el efecto de la justicia será paz; y la labor de la justicia, reposo y seguridad para siempre*».

¡Qué tremendo versículo para el hogar! Nuestros hijos necesitan paz, quietud y confianza. Estas cualidades sólo pueden ser adquiridas por el establecimiento de la justicia, la cual viene a través del orden y la disciplina.

La manera como los hijos responden a la autoridad de Dios es a menudo influenciada por sus experiencias con la autoridad humana. Los hijos inconscientemente tienden a relacionar los sentimientos y la impresión que tienen de su padre terrenal, a su concepto del Padre Celestial.

El anhelo del corazón de Dios es que los hijos vean Su amor en el hogar, a través de la ternura paternal, la misericordia y disciplina. La paternidad nos da la oportunidad de entender el corazón de Dios hacia nosotros como Sus niños. No hay padres perfectos, como tampoco hay hijos perfectos. Usted sentirá que falla si depende de usted mismo para ser un padre perfecto. Sólo Dios llena ese requisito. Permítale a Dios trabajar en su familia.

El humanismo, la «religión» de esta época, niega toda autoridad enfocándose en uno mismo. Según esta corriente de pensamiento, la realización viene por medio de «mi felicidad», «mi potencial», «mis derechos», lo cual hace de una persona el centro de todo. Nos convertimos en el dios de nosotros mismos al poner nuestro interés personal antes que algo o alguien. A menos que queramos que nuestros hijos crezcan descontrolados y centrados en sí mismos, debemos aprender acerca de establecer orden y entrenar a nuestros hijos para que se despojen del egoísmo y no vivan para sí.

¿Qué de las mamás?

En mi énfasis sobre el padre, debo clarificar que su posición no hace a la mujer inferior o sin importancia; en cambio, establece un liderazgo del varón, bajo el cual, la madre comparte la autoridad de él.

La autoridad en la casa debería ser a través de ambos, padre y madre, ya que la educación de los hijos requiere del esfuerzo de los dos.

El papel de la madre es participar en la formación de una semilla de justicia para Dios, a través de someterse a la autoridad del esposo. Esto significa que la autoridad de ella se aplica sólo en función de la autoridad de su esposo. Dios, quien ha instituido la forma de impartir autoridad, le ha entregado la responsabilidad del liderazgo al padre.

La mujer establece o destruye la autoridad del padre sobre los hijos por sujetarse o no a su marido. Si ella no respeta y felizmente confirma a su marido en su posición en el hogar, corre el riesgo de criar niños que rechacen toda forma de autoridad por el resto de sus vidas.

Ser madre va más allá de procrear una vida. Ella provee el enfoque de santidad, al establecer los parámetros de honorabilidad y respeto de los hijos hacia el padre. Como ella se someta a su marido, establecerá la autoridad del varón sobre sus hijos y su casa. El hombre que no recibe respeto en su propia casa y es anulado, generalmente es incapaz de dar amor. Y hay otro peligro, si la madre establece autoridad aparte de la de su marido, una confusión de identidad sexual puede resultar en su hijo.

La sujeción por parte de una esposa debería ser voluntaria y no forzada. Una mujer sabia, constantemente escogerá someterse. Esto requiere de una convicción y determinación, de modo que acepta la sumisión especialmente cuando h_{ay} conflictos, aunque eso represente ir en contra de la cultura actual. Esto lleva a una mujer fuerte a tomar su lugar en medio de una avalancha cultural en dirección contraria.

La sumisión no es realmente un tema cultural sino espiritual, por lo tanto es aplicable en cualquier lugar y en cualquier cultura. Siguiendo el orden de Dios y colaborando con Él, madres piadosas pueden transformar sus hogares. Es un privilegio cuando se sigue a un marido piadoso.

La autoridad a través del amor

La autoridad se basa en el amor, por lo que debe existir un balance entre amor y autoridad. El amor mal aplicado hace uso de la autoridad sin amor, por lo que ésta puede llegar a ser severa y hasta tiránica. En otras palabras, reglas sin armonía traen rebeldía.

El amor, en la crianza de los hijos, debe ser un amor maduro más que sentimental, que mira al futuro y percibe el resultado final de las acciones que tomamos o que dejamos de tomar. Cuando educamos a los hijos basados únicamente en el amor, pero fallamos en establecer autoridad, criamos niños centrados en sí mismos y que terminan siempre haciendo su voluntad.

A menudo escucho padres decir, «yo amo a mi hijo demasiado como para abusar de él, pegándole». Pero ¿es éste un amor piadoso y maduro? Debemos amar a nuestros niños lo suficiente para corregirlos de una manera bíblica y hacerlos agradables a los ojos de Dios. Significa que debemos complacer a Dios, y no a nuestros propios corazones. Él no se limita a perdonar nuestros pecados, sino porque nos ama, nos ordena: «cambia, se como Yo. Trae a tu hijo a mi orden».

Las mamás establecen la atmósfera del hogar

Una madre puede establecer una atmósfera saludable y criar

hijos justos, si con regocijo y entusiasmo se somete a la autoridad de su esposo.

Por lo general, las madres tienen una excelente capacidad para desarrollar una comunión íntima con sus hijos y educarlos tanto física como espiritualmente. Los padres desarollan un espíritu de seguridad y fuerza. Un niño necesita los dos. Si usted como madre, deliberadamente trata de sofocar la fuerza que su esposo puede darles, tal vez destruya por completo su matrimonio y cause confusión en sus hijos.

Al respecto recuerde que 1 Pedro 3:4 dice, *«...•en el incorruptible ornato de un espíritu afable y apacible, que es de grande estima delante de Dios».* Esta amabilidad y quietud no significa debilidad. Significa que el poder está bajo control y esto forma la base de un carácter piadoso en su hijo. Muchas mamás que se quedan en casa desarrollan una actitud de enojo hacia sus hijos porque no se les ha establecido a los niños, quién tiene la autoridad. Los niños crecen bajo esta mala actitud y cuando se casan, transmiten ese enojo a sus propios hijos.

El padre que no toma su autoridad, no reconocerá la posición de la mamá y no defenderá su autoridad. Destruir la autoridad de la madre en la casa es igualmente tan peligroso, como que una esposa rehuse someterse a su marido.

Una última palabra para los padres

Proverbios 17:6 dice:«... *y la honra de los hijos; sus padres».*

Muchos de ustedes padres están dando a sus hijos una mala impresión de cómo es el Padre en los cielos. Usted está en una posición importante y sus responsabilidades son asombrosas.

Es prudente recordar que su posición como autoridad en la vida de sus hijos tiene muy poco que ver con usted, y mucho que ver con establecer la semilla de justicia de Dios.

Yo les exhorto a tomar en serio su trabajo como padres y a pedir la ayuda de Dios diariamente. No importa lo que haya estando pensando, la Biblia no dice que la esposa es la que carga con la mayor responsabilidad en la crianza de los hijos. Es usted el que debe responderle a Dios. ¡Qué privilegio tan grande que el linaje de la semilla de justicia, santidad y rectitud de Dios venga a través de usted!

Una útlima palabra para las madres

Cuídense del feminismo. Esta filosofía tiene algunos puntos buenos, pero no muchos. Incluso puede ser una de las mayores fuerzas destructivas en el mundo actual. No se dejen engañar. A la luz del plan eterno de Dios, el feminismo no tiene un valor eterno como el de la maternidad.

Si se dan cuenta de lo importante de su labor en el hogar, no estarán ansiosas por dejarlo e ir a trabajar, a menos que sea absolutamente necesario. Durante la conquista del Pueblo de Israel, había guerras. Todo aquello que sucedió con el pueblo de Dios, nos sirve como una referencia de enseñanza espiritual. El Salmo 68:12: «*Y las que se quedaban en casa repartían los despojos*». Yo creo que este es un concepto eterno. Ustedes compartirán la misma recompensa que sus esposos en la preservación de la semilla de justicia, si deciden sujetarse al plan de Dios.

Yo estoy consciente de las dificultades que envuelven a esta forma de pensar. Nuestro enemigo, el diablo, utilizará todos los medios posibles para destruir nuestro hogar. Haciendo esto, él espera destruir cualquier esperanza de una semilla justa. Deben estar alertas y resistir agresivamente al destructor de nuestros hogares.

Muchos hogares han sido ya destruidos por el divorcio o la muerte, dejando a una madre luchar sola. En estos casos, las circunstancias pueden forzarla a tomar la autoridad, a ella sola. Esta es una tarea muy pesada, pero millones de mujeres están luchando heróicamente por llevar la carga y sacar a sus hijos adelante.

Si usted se encuentra en esta situación, apóyese en el Señor y sujétese a Su autoridad. Nada podrá ser imposible para usted si pone su fe en Dios.

Recomendaciones para los padres

Como padre, usted debe ser capaz de poder decir: «sé como yo». Los hijos de Noé lo siguieron al arca. ¿Están sus hijos siguiéndolo hacia el arca de la salvación? Usted no los puede forzar a entrar; ellos deben seguirlo. Recuerde que nunca es demasiado tarde para ser un buen padre. Considere la siguiente lista para ayudarse a desarrollar un corazón como el de Dios, hacia sus hijos:

1. *Ame más a la madre de sus hijos.* Deje que sus hijos vean unidad entre usted y su madre.

2. *Toque más a sus hijos.* Aún los hijos mayores necesitan abrazos y pruebas de su amor.

3. *Escúchelos más.* Siéntese, relájese y concéntrese en ellos. Los hijos no sólo crecen, también son formados.

4. *Busque más oportunidades de poder demostrar a sus hijos un*

sentimiento de pertenencia, la seguridad de que encontrarán en usted apoyo y comprensión.

5. *Dé más apreciación sincera y personal, no sólo los alabe por sus éxitos.*

6. *Ríase mucho más.* Traiga alegría a la tristeza en el hogar, la risa es una bendición. Úsela para hacer de su hogar un lugar más feliz.

7. *Hable más acerca del poder positivo de Cristo para cambiar la vida de las personas.* Enséñeles los mandamientos del Señor.
8. *Déles sus bendiciones.* Hay consuelo en una bendición.

9. *Ore por ellos por nombre.*

10. *Establezca límites claros.* Los límites claros hacen que los hijos sean libres.

11. *Guíe a sus hijos.* Enseñarlos sin entrenarlos, sería fallar en su tarea.

12. *Respete la posición de su madre, cuando los defienda.*

La máxima manifestación del corazón paternal de Dios fue enviar a Su Hijo Unigénito, Jesús, a vivir una vida sin pecado y darse a Sí mismo en sacrificio por nuestros pecados. Jesús aceptó la voluntad de Su Padre y actuó en obediencia, aunque significó morir en la cruz. Gracias a esa justicia y orden en la mente de Dios, nosotros tenemos un concepto claro de lo que debiera ser un padre.

CAPÍTULO IV
SATANÁS TIENE UN PLAN PARA SUS HIJOS

Probablemente usted ha escuchado decir: «Dios tiene un plan maravilloso para tu vida». Pero, ¿sabía usted que el diablo también tiene un plan para su vida y para la de sus hijos?

Como padres cristianos debemos tener presente, siempre, que Satanás intenta destruir a nuestros hijos y así desarraigar la semilla de justicia de Dios. En muchos casos se nos demandará pelear a muerte por la vida y el alma de nuestros hijos. Eso nunca va a cambiar mientras estemos aquí en la Tierra.

La época de la gracia de Dios se está acercando, y Satanás sabe que tiene poco tiempo. Él es despiadado y violento, y debemos estar constantemente conscientes de que él va a usar todos los trucos y artimañas que pueda maquinar. ¿Está usted preparado para pelear?

Usted puede vencer sobre las artimañas de Satanás. Sólo se requiere de un poco de conocimiento, un poco de fe, y la voluntad de luchar por aquellos a los que usted ama mucho.

Génesis 4:7 dice: *«Si bien hicieres, ¿no serás enaltecido? y si no hicieres bien, el pecado está a la puerta; con todo esto, a ti será su deseo, y tú te enseñorearás de él».* Nosotros podemos enseñorearnos y pasar sobre los malvados planes que Satanás tiene para nuestros hijos.

1 de Corintios 16:13-14 dice: «Velad, estad firmes en la fe, portaos varonilmente, y esforzaos. Todas vuestras cosas sean hechas con amor».

Satanás tiene muhas estrategias

Nuestros genes pueden transmitir a nuestros hijos los pecados de nuestros antepasados. Esto significa que nuestros hijos nacen algunas veces con maldiciones heredadas. Les invito a leer Éxodo 20:5, 34:7; Levítico 26:39; Números 14:18, 33; Deuteronomio 5:9; Job 21:19; Salmos 37:28; Proverbios 14:11; Isaías 14:20-21; Jeremías 32:18 y Lamentaciones 5:7.

Estas maldiciones pueden incluir un espíritu de enojo, perversión sexual, deseos sexuales desordenados y rechazo. Algunas maldiciones se transmiten después del nacimiento.

Algunos bebés pueden nacer con una predisposición de que la vida no es buena. Esto es algo misterioso pero muy real. Hay comunicación en la matriz. El bebé no puede expresarse con palabras, pero es sensible a sentimientos y actitudes, y ambas, tanto buenas como malas, lo estimulan, así como el ruido o la música.

Aunque no puedo comprobar la autenticidad de la historia, una vez leí que un experimento estaba siendo llevado a cabo por científicos para determinar la reacción de un feto cuando su madre fumaba. Para su sorpresa, el bebé se retorcía cada vez que la madre pensaba en fumar un cigarro. De alguna manera, el bebé sabía lo que iba a venir.

Salmos 139: 13-14 dice: «*Porque tú formaste mis entrañas; tú me hiciste en el vientre de mi madre. Te alabaré; porque formidables, maravillosas son tus obras; estoy maravillado, y mi alma lo sabe muy bien».*

Otra estrategia de Satanás es infringir tanto dolor en la vida de un niño, que él o ella sean incapaces de recuperarse. Así, el individuo permanecerá herido de por vida y no representará una amenaza para el reino de las tinieblas.

Un área devastadora de dolor y desastre es el divorcio. El mundo quiere hacernos creer que no siempre los niños son lastimados con el divorcio. Esto sencillamente no es verdad. En 45 años en el ministerio os últimos 28 en consejería y liberación), mi esposo puede decirle que es raro el caso en el que un niño no sea lastimado por el divorcio o la muerte de uno de sus padres. Algunos nunca logran recuperarse.

Si Satanás no logra destruir al niño o a la niña a través de sus padres, él lo atacará en su autoestima. Pocos de nosotros hemos escapado totalmente de ésta artimaña, y el daño puede ser provocado aún desde el vientre de la madre. Los niños no deseados, se sienten no deseados aún cuando no son abortados.

La autoestima de un niño puede ser destruída también por palabras, acciones y actitudes de otras personas. Por lo regular proviene de sus padres o niños de su edad.

Una tercera estrategia de Satanás es robar los corazones de nuestros hijos a través de la lujuria y el pecado del mundo. No sólo lo hace para destruir sus almas, sino también los primeros años de su vida y hasta podría destruirlo a usted y su fe al ser testigo de esto. De hecho, una familia entera puede ser negativamente afectada por las obras de Satanás a causa de la vida de un hijo.

La televisión es la culpable aquí, porque facilita la idolatría a estrellas de cine y su estilo de vida, lo cual puede rápidamente alejar a los jóvenes de sus valores cristianos. En la mayoría de los casos, el mundo ha cambiado sus verdaderos valores por el brillo, el glamour y la inmoralidad de Hollywood y la industria televisiva. Para poder salvaguardar a sus hijos, usted debe ser capaz de examinar lo que ven en la televisión. Los hijos tienden a dar más atención a lo que ven, que a lo que oyen decir.

Una buena regla es que no permita entrar nada a su hogar de lo que no quiera que sus hijos se enamoren. Esto incluye la música, parte de la programación de TV y juegos de computadora entre otros.

Satanás puede valerse de las circunstancias para atacar a sus hijos. Cada círculo de personas al que sus hijos están expuestos, tiene un impacto en ellos: abuelos, tíos, tías, sobrinos, parientes, el equipo de fútbol, etc. Esa influencia puede ser buena y recta o maligna y perversa. Donde hay injusticia, ahí siempre hay el potencial para que se desarrolle una obra demoníaca.

La personalidad de los padres tiene un gran impacto en la vida de los hijos. Se les transmite por herencia. Algunas áreas fáciles de detectar por herencia son el enojo, el miedo, la tristeza, y la sobreindulgencia.

Si usted es huraño y decaído, sus hijos podrían llegar a pensar que en cierta forma ellos son los culpables de su tristeza. Esto es más evidente cuando los hijos pasan por el divorcio de sus padres.

Si este es su caso, anímese y sonríales aunque no se sienta con ganas de hacerlo. Mantenga un espíritu de felicidad. No descargue su tristeza sobre sus hijos o sobre ningún otro niño. Si usted no tiene un espíritu de felicidad, ¡desarróllelo!

Usted puede y lo sabe. No se puede quedar siempre con el espíritu acongojado e introvertido con el que nació, o que ha desarrollado a causa de las circunstancias en su vida. Revierta la estrategia del diablo cambiando su personalidad. Crezca, ¡madure! Practique ser feliz, sonría a los ojos de sus hijos y de su cónyuge. Esto cambiará su vida y la de su hogar.

Finalmente, el ministerio de Jesús es nuestro «último recurso». Cuando ya hemos hecho todo lo que hemos podido, ahí está Jesús. Él es poderoso para defendernos de las obras que Satanás tiene para destruir a nuestros hijos. Si usted y su pareja oran regularmente cubriendo a sus hijos, usted no tendrá que hacer uso de una última medida de emergencia.

CAPÍTULO V
COSAS EN EL DISCO DURO

Una niña pequeña le dijo a su amiga: «¡Yo no voy a tener hijos nunca! Escuché que tardan 9 meses en «trasvasar». Trasvasar es un término de computación que significa transferir información de una fuente o sistema, a otro. El trasvasado o gestación y nacimiento de un bebé es sólo el comienzo para la formación de un ser humano. Toma mucho más de nueve meses el desarrollo de un ser justo que pueda llegar a la medida para entrar en la eterna morada celestial.

Mi hija, que trabaja con computadoras, dice que antes de trasvasar, cuando hay un programa en un disco nuevo, tiene que haber un refinamiento para que encaje en su nuevo ambiente. En otras palabras, hay «cosas» en el disco duro con las que tenemos que tratar.

Hace algunos años había un dicho que rezaba: «Los hijos son páginas en blanco de las que nosotros somos totalmente responsables». Al tener a mi primer hijo me di cuenta que había «cosas» cuyos orígenes no podía identificar. Estas «cosas» eran distintas a mí en todos los sentidos y absolutamente sin ninguna remembranza de mi calmado y paciente marido.

Mi primer hijo nació lleno de movimiento y con una mente sagaz. Todavía no llegábamos del hospital cuando ya habíamos empezado a tener dificultades. Su hiperactividad me hizo sentirme tan nerviosa que no podía tener leche para amamantarlo. Eso lo hacía enojar mucho y empezaba a llorar y gritar hasta que alguien le daba lo que necesitaba para satisfacer su hambre. Era como un círculo vicioso.

Aunque fallé en mi intento de ver alguna conexión con nuestras personalidades, me di cuenta que el disco duro de nuestro hijo estaba programado con «cosas» heredadas genéticamente de sus padres. Todos los niños heredan una predisposición hacia ciertas «cosas» y muchas de esas «cosas» son negativas. Esto se puede manifestar en una ira fuera de lo normal, perversión sexual o rebelión a una edad temprana. Algunas de estas características son bastante notorias y claras, antes de finalizar el primer año de vida.

La buena noticia es que no tenemos que vivir con las ataduras de pecados heredados por generaciones a través de las ataduras de nuestros padres. La libertad está disponible para los que estamos en Cristo Jesús. Debemos ser lavados con Su sangre y que nuestros pecados sean perdonados.

Tomar la decisión de aceptar a Cristo como Señor y Salvador personal, le liberará de muchas ataduras de este tipo, pero si aún se siente atormentado y no ha podido llegar a la libertad de los pecados de su juventud y de los pecados heredados, vaya ante Dios hasta que llegue a ser totalmente libre.

Si cree que no puede hacerlo por sí mismo, encuentre una congregación donde el ministerio de liberación le pueda ayudar. Hay una gran necesidad de un ministerio de liberación para la Iglesia, hoy en día.

No nos podemos culpar por los problemas que hemos heredado. Pero nuestra conducta es casi siempre pecaminosa y esto es algo con lo que debemos tratar. El hecho es que somos responsables y diariamente probados en el manejo de la ira, las perversiones sexuales y la rebelión. Debemos ver estas cosas como pecado, y no como una conducta normal en el ser humano.

Confiese sus pecados en oración a Dios, en estas áreas y su libertad. Cuando hemos reconocido ante Dios nuestros pecados y recibido el perdón, entonces somos libres para poder ministrar a nuestros hijos.

Ore por los hijos que aún no han nacido, soltándolos de los pecados heredados. Recuerde que la oración del justo trae grandes resultados.

CAPÍTULO VI
TRATANDO CON LA REBELIÓN

La rebelión es un pecado serio. Desafortunadamente la mayoría de los padres en la actualidad no se dan cuenta de cómo ve Dios este problema.

1 de Samuel 15:23 dice: «*Porque como pecado de adivinación (brujería) es la rebelión, y como ídolos e idolatría la obstinación (inflexibilidad, obstinación irracional)*».

Nosotros nunca pensamos de nuestros preciosos hijos y su desobediencia así como dice esta Escritura. La realidad es que un niño rebelde y obstinado, está empezando una vida de desobediencia. En la Escritura anterior, Saúl fue desechado como rey de Israel debido a su espíritu rebelde. Su rebelión le costó el reino. Israel era en sí un pueblo desobediente y rebelde, y eso les costó la tierra prometida. Veamos que más nos dicen las Escrituras acerca de la rebelión:

Salmos 78:8 dice: «*Y no sean como sus padres, generación contumaz y rebelde; generación que no dispuso su corazón, ni fue fiel para con Dios su espíritu*». ea el Salmo 78 del 1-8).

Proverbios 17:11a: «*El rebelde no busca sino el mal*».

En Isaías 1:13b Dios dice, «—*No puedo sufrir vuestra iniquidad*».

Estas son sólo algunas pocas Escrituras que nos dicen, cómo ve Dios la rebelión. Debemos hacer nuestra parte cuidando que nuestros hijos no caigan en esta trampa de Satanás. La rebelión empieza algunas veces a una temprana edad. He visto niños muy pequeños que están llenos de rabia y desobediencia (rebelión).

¿Cómo enfrentarnos a la realidad de un hijo rebelde?

La rebelión es uno de los problemas más difíciles con los que usted tendrá que tratar como padre. A continuación algunas sugerencias:

1. ¡Empiece a temprana edad! Es consternante lo rápido que empiezan a desarrollarse los problemas de rebelión en nuestros hijos. No permita que este espíritu pase desapercibido. ¡Cuando vea que se está desarrollando, use toda su creatividad y potencial de oración para fomentar en sus hijos un espíritu de sumisión! La sumisión no es un *acto,* (o actos), es una *actitud.*

2. Enseñe a sus hijos a no caer en la mentalidad de víctima. Dios es compasivo, pero Él nunca bendecirá una forma de pensar como ésta. En el último de los casos, nosotros somos responsables de nuestra conducta pecaminosa en la vida, aún cuando ya hayamos sido perdonados. Muchos niños, crecen pensando que los demás son los culpables de la forma en que su vida se está desarrollando. Como padres, nuestra responsabilidad es guiar y conducir a nuestros hijos, pero, no somos responsables por las elecciones que ellos hacen y por las subsecuentes consecuencias de esas decisiones.

Recuerde que cada persona que tiene contacto con sus hijos tendrá algún tipo de influencia en sus vidas. Algunas veces esa influencia es positiva y algunas veces es negativa. Nosotros no tenemos mucho control sobre esto, ¡excepto a través de la oración! La oración tiene poder, y no hay nada mejor que un padre y una madre orando en unidad para establecer la justicia en la vida de sus hijos.

3. Consagre a sus hijos por completo a Dios y dé gracias a Él por ellos tal y como son. Dios quiere sacarnos adelante de cualquier problema y ser glorificado en toda situación, y Él lo puede hacer a menos que nuestra falta de fe se lo impida. Consagrar a nuestros hijos no significa aceptar su pecado. Significa aceptar a su persona y saber que Dios puede trabajar en ellos cuando se los entregamos por completo. Esto es fe en acción, fe que trabaja, fe sin la cual es imposible agradar a Dios.

Usted va a encontrar esto un poco difícil de lograr. Nosotros tratamos desesperadamente de «arreglar» las cosas para nuestros hijos, para salvar nuestra reputación, o para salvarnos del dolor y la tristeza que sus acciones nos pudieran traer. Pero si podemos entregárselos a Dios, y demostrarles amor en vez de rechazo, vamos a ver lo que Dios puede hacer.

4. Rinda todas sus expectativas, decepciones, y sueños sobre sus hijos al Señor. Muchos padres tienen grandes expectativas para sus hijos. Mi cuñada que es maestra, dice que ha visto a muchos pequeñines que les da miedo entrar a la escuela por temor a fallar. Debemos ver a nuestros hijos como seres humanos únicos, ¡no como extensiones de nosotros mismos! No podemos vivir nuestra vida a través de la de ellos.

Como cristianos, podemos sentirnos extremadamente decepcionados cuando nuestros hijos le dan la espalda a la fe, y arremetemos en su contra con amargura y endurecimiento. Cuando reaccionamos en esta forma, nuestra actitud puede bloquear la intervención de Dios en sus vidas.

Mi consejo para los padres en estas circunstancias es que tomen todo ese dolor, levanten sus manos a Dios, se lo entreguen todo a Él, y dejen el asunto en Sus manos. Él es el único que puede darnos paz, es el único que puede encaminar a nuestros hijos hacia su potencial divino. Tal vez no llenen nuestras expectativas y sueños, pero Dios puede sobreabundar de Su voluntad en sus vidas, si se lo permitimos. Como padres, es importante que permitamos que Dios guíe a nuestros hijos y trabaje en ellos sin bloquearlo con nuestro enojo, amargura y tristeza.

Entre con alabanza y acción de gracias porque Dios va a intervenir para establecer Su voluntad en la vida de sus hijos. Esto nos lleva a una fe tan fuerte que cree que Dios está verdaderamente preocupado por perfeccionar a sus hijos. ¡La fe funciona cuando está de acuerdo a la voluntad de Dios!

5. Ejercítese en el perdón.

Marcos 11:25 dice: «Y cuando estéis orando, perdonad, si tenéis algo contra alguno, para que también vuestro Padre que está en los cielos os perdone a vosotros vuestras ofensas». El versículo 26 dice: «porque si vosotros no perdonáis, tampoco vuestro Padre que está en los cielos os perdonará vuestras ofensas».

No es fácil perdonar a los hijos que han rechazado los principios que les ha enseñado, su amor, y a veces hasta a usted. Probablemnte lo han humillado, al grado de dañar su ministerio (si está dedicado al servicio de Dios). Es fácil desarrollar una actitud crítica, sentimientos hirientes, y un espíritu de juicio hacia ellos.

Dios no interviene en una situación cuando nosotros no corregimos nuestros pecados. Así que apresúrese a tratar con sus sentimientos y perdone. Suelte su dolor, sus derechos, sus expectativas y ame a ese hijo, no sólo de palabra sino con hechos.

6. *Ordene bien su conversación.*

Job 42:7 dice:«... *no habéis hablado de mí lo recto como mi siervo Job».* (palabras de Dios dirigidas a los amigos de Job).

Bajo la presión de un hijo rebelde, es fácil sentir que Dios le ha abandonado y usted le ha dado lugar al resentimiento. Sabe que Dios puede hacer algo para enmendar la situación y hacer un milagro, pero no se ve que nada bueno esté pasando. Cuando el rescate no sucede, sentimos que Dios no contesta nuestras oraciones o no nos ama. Algunas veces nos escondemos bajo la culpabilidad y la pena de todos nuestros pecados y creemos que Dios nos va a dejar permanecer con estos problemas. Nacesitamos santidad en nuestras vidas para poder permanecer delante de Dios confiadamente.

Mucha gente se decepciona cuando se da cuenta que no ha tenido el éxito que había esperado o planeado en su rol como padres. Como resultado algunas veces se tornan en amargura contra Dios. Esta es una actitud peligrosa. Si usted se está sintiendo de esta forma, sosténgase de la fe, reconozca, declare y haga suyo el carácter de Dios. Él es bueno, lleno de misericordia, paciente y ama a sus hijos. Él actuará por usted; Él contestará sus oraciones. Pero debe agradarle con su fe.

7. *No provoque a sus hijos.*

Efesios 6:4 nos advierte: «... *no provoquéis a ira a vuestros hijos».*

Sea amable, justo, comprensivo, ayudador y sobre todo maduro. Un hijo cuyas emociones están fuera de control no puede ser ayudado por un padre que está operando bajo el mismo espíritu emocional.

Los padres también deben evitar tratar a sus hijos como si fueran uno más de sus problemas. Déles su total atención. Véales a los ojos cuando les habla. Déles valor mostrándoles que son importantes. No pague insulto por insulto. Contrólese, ¡especialmente su lengua!

Desde luego que hay otro reverso para esto. Los hijos deben conocer su lugar y aprender a respetar. Pacientemente enséñelos a no monopolizar conversaciones o no tratar de callar a los adultos. Irónicamente, si usted tiene que gritarles para que entiendan su mensaje, nunca le van a escuchar. Mejor será un buen ejemplo. Las acciones siempre hablan más que las palabras.

8 ¡Hágalo con gozo!

Estoy segura de que para estas alturas, algunos de ustedes están pensando que he perdido la cabeza, pero déjenme decirles que no van a derrotar a los demonios o a la actividad demoníaca con un espíritu de depresión, que es una de las respuestas naturales hacia un hijo fuera de control-. Me encanta ver a los niños reir. ¿A usted no? Dios, siendo un Padre, quiere ver gozo en usted.

Salmo 149:5 y 6 dice: «*Regocíjense los santos por su gloria, y canten aun sobre sus camas. Exalten a Dios con sus gargantas y espadas de dos filos en sus manos*». Esta Escritura no dice «si todo les va bien» o «si no tienen problemas».

Cuando la vida se salga de control, cante gozoso. Dios está a punto de mostrarse poderoso. No espere a que la solución venga después de que haya elevado alabanzas a Dios. Cuando esté en medio de un problema, es el tiempo para mostrar su fe en Dios, declarando victoria de antemano, precisamente por esa fe.

¿Cuánto tiempo lamentaremos el trauma de nuestros hijos caprichosos como si no hubiese una esperanza? Cuando vivimos como si no tuviéramos un Padre amoroso en los cielos que se preocupa por nosotros, es un mal testimonio para aquellos que todavía no le conocen. ¡Termine con la pena, el remordimiento, y la autocompasión! Dios quería ayudarle cuando le dio a ese hijo. Demuestre su fe en El enfrentando la adversidad con gozo. ¡Espere un milagro! ¡Regocíjese! Usted está a punto de ver la grandeza de Dios operando a su favor.

9. Ayune y ore.

Los discípulos vinieron a Jesús en privado llevándole al hijo lunático de un hombre. Jesús reprendió al demonio, éste salió de él, y el muchacho fue sano. Más tarde los discípulos le preguntaron a Jesús por qué ellos no habían podido sacar al demomo.

Mateo 17:19 al 21 dice: *«Viniendo entonces los discípulos a Jesús, aparte, dijeron: ¿por qué nosotros no pudimos echarlo fuera? Jesús les dijo: Por vuestra poca fe; porque de cierto os digo, que si tuviereis fe como un grano de mostaza, diréis a este monte: pásate de aquí allá, y se pasará; y nada os será imposible. Pero este género no sale sino con oración y ayuno».*

El ayuno y la oración trae liberación y libertad de las ataduras del diablo.

10. Espere liberación de un espíritu rebelde.

Siga estos pasos, y verá a sus hijos liberados de las garras de Satanás. Si usted conoce guerreros de oración, enlístelos en la batalla; y si es posible busque la ayuda de alguien que tenga una unción de liberación probada.

11. Discipule a su hijo.

Cuando su hijo comience a volverse a Dios, no detenga su intercesión. Satanás tiene un fuerte gancho en la vida de su hijo y no está en su naturaleza rendirse fácilmente. Debe mantenerse y habiendo hecho todo para mantenerse, debe continuar firme y resuelto.

El diablo no tiene derecho sobre la semilla de justicia. Esta es una batalla y si no quiere dejar el campo de batalla ensangrentado y derrotado, debe mantener su posición y pelear. Es una guerra ganada con la ayuda de Dios. Vuelva a enseñar a sus hijos los principios de la fe, trayendo el control de sus vidas a través de la obediencia.

12. Mantenga su vida libre de pecado.

Job 13:23b dice:«... *hazme entender mi transgresión y mi pecado*».

Nosotros como padres frecuentemente no reconocemos nuestras propias rebeliones o pecados. Es importante que cuando permanezcamos delante de Dios a favor de nuestros hijos, nuestra vida esté libre de pecado. ¡Deje que la Palabra de Dios, la sangre de Jesucristo y la obra del Espíritu Santo lo limpie y lo haga íntegro! Pida a Dios que le muestre en verdad, cuál es su posición en Cristo. Nuestras vidas deben ser un agente purificador en la tierra.

CAPÍTULO VII
LOS NIÑOS SON COMO CABALLOS DE CARRERAS

Me desperté una mañana pensando lo siguiente: «entrenar a un hijo, es como entrenar a un caballo de carreras». Me pareció que era una idea inspirada por Dios, así que llamé a mi hijo mayor, Víctor, que ha estado involucrado en la cría de caballos, y le pregunté qué me podía enseñar acerca de cómo entrenar un caballo de carreras.

Para empezar, el caballo es puesto bajo cierto ritmo una y otra vez hasta que realiza su rutina perfecta y automáticamente. No se le da alimento ni agua mientras aprende la rutina. La rutina eventualmente se vuelve algo natural en el caballo, así que llega a ser un campeón a través de la disciplina repetitiva.

Darle la vuelta a la pista no es suficiente, el caballo debe tener la persistencia y brío para cubrir la distancia. El entrenador debe cuidarse de desarrollar las cualidades y consistencia del caballo sin destruir su brío. Si el espíritu brioso de un caballo es quebrantado, no será un buen corredor. De hecho, no va a ser bueno ni para montarlo.

Los romanos traían sus caballos de las montañas griegas. Estos caballos eran muy vigorosos y fuertes. «Praus» es la palabra griega para «manso», esto significa fuerza bajo control.

Quiere decir, tratable, manejable y sumiso. Un buen caballo de carreras debe ser manso pero con mucho brío, es decir fuerza y vigor bajo control, lo que equivale a sumisión y disciplina.

La mansedumbre es también una meta para nuestros hijos. Nuestros hijos están corriendo la carrera de la vida. Debemos entrenarlos y disciplinarlos, trayéndolos bajo el orden y la justicia de Dios, hasta que sean capaces de ganar esta carrera. Este es el principio que opera en el Padre -más importante que los deportes, lecciones de piano, computación, karate, o cualquier otra actividad del mundo, no importando que tan buena sea, porque entrenar a nuestros hijos en la justicia tiene resultados eternos-.

Nosotros tratamos de prepararlos para vivir en este mundo, pero a veces fallamos en prepararlos para el mundo venidero. Algún día nuestros hijos deberán estar con Dios. ¿Ganarán la mayor carrera de todas?

Hay otra similitud entre los caballos y los hijos. Los caballos tienen «jerarquías» muy parecidas a las de las gallinas. En un grupo cada caballo tiene su lugar. Si trata de salirse de ese lugar, es rápidamente forzado a volver, por los otros caballos, usualmente por el caballo mayor.

Una jerarquía establece la posición de un niño en un grupo. Su concepto de sí mismo, surge de compararse con otros niños. Los niños se asociarán y se harán amigos de alguien que nunca se moverá por arriba de su jerarquía. Aún haciéndose amigos de los bravucones de la escuela o de un grupo de vándalos los hace sentirse «alguien» ante los ojos de sus compañeros. Esto puede ser especialmente peligroso para el niño que no tiene un ambiente positivo en su casa.

Mi hijo Víctor contó acerca de un excepcional bravucón en una escuela cristiana, a la que asistió. Aunque el pequeño niño era cruel y violento, la mayoría de los niños querían ser sus amigos, probablemente por temor a su propia seguridad.

Victor se resistió a esa táctica, así que el niño lo atormentó algunas veces, tratando de provocarlo. Un día, Víctor se dirigió a las escaleras para ir a casa pero el bravucón y sus amigos estaban al final de ésta esperándolo. Víctor dijo que descendió como un animal acorralado que no está acostumbrado a pelear, y de repente fue «¡como una fiera!» Ese día, enfrentó al vicioso bravucón de la escuela, resultando ser el ganador y ganándose la admiración de los otros estudiantes.

Sin embargo, algo más sucedió en aquella ocasión. Víctor desarrolló el deseo de pelear. Empezó a odiar a las personas y a reaccionar con enojo ante cualquier situación. Afortunadamente esa etapa pasó, pero su padre y yo jamás supimos la raíz del problema; sólo vimos que nuestro hijo era sumamente infeliz en aquellos días. Cuando Dios realmente lo tomó, la oscuridad le dejó, y comenzó a amar a la gente. Dedicó su vida al ministerio y hoy es un buen pastor, ama a su gente y los defiende de las críticas. Dios tomó su debilidad, su odio a la gente y lo tornó en una de sus mejores fortalezas.

Yo le pregunté a Víctor por qué era tan infeliz en su adolescencia. Él me respondió que no estaba descontento consigo mismo. Mas bien creyó que no daba el ancho y estaba avergonzado de quién era. La mayor parte de todo esto viene por la presión que ejercen los de su edad. La imagen que los demás percibían de él no le agradaba, y las cosas que no se le decían acerca de sí mismo, fueron más dolorosas que cualquier cosa que se le dijo.

Estaba asistiendo a una escuela cristiana donde algunos de los papás de los niños eran doctores y abogados. Su papá era sólo un ministro y maestro de Biblia. Víctor estaba avergonzado de su padre. Los niños a menudo hacen estos juicios acerca de sus padres. Afortunadamente estos juicios cambiaron, y hoy su papá es su héroe.

Tres cosas -mencionó Víctor- hicieron la diferencia en su conversión.

Primero, supo que su papá oró por él diariamente y nunca se olvidó de sus juegos de fútbol. Estas cosas le dieron la seguridad del amor de su padre.

Segundo, yo me mantuve abogando por él, poniéndome de su parte, con un corazón de ayuda. Esto le dio una seguridad de que lo amaba, no importando qué pasara.

Tercero, Víctor asistió a la secundaria cristiana donde la Palabra de Dios era leída todos los días y los maestros cristianos hicieron la diferencia. Por supuesto, algunos maestros sólo vieron a un niño con problemas, pero otros creyeron en Víctor y empezaron a darle un sentido valioso que le ayudó a sanar.

Claro que no creíamos que el mero hecho de enviar a nuestros hijos a escuelas cristianas, les garantizaba tener amigos más sanos. A veces los maestros no están a la altura, pero cualquier influencia positiva refuerza la enseñanza de la casa. Los maestros cristianos ayudaron a Víctor a pasar de la depresión y lo negativo, a los buenos patrones. La Palabra de Dios leída cada día lo liberó de pensamientos negativos y opresión, y con el apoyo en el hogar logró superarlo.

Los niños no son caballos de carreras, los niños son seres

humanos, sensibles, complejos, extremadamente retantes e infinitamente valiosos. Así que ponga su mente, su corazón y su espíritu, además de mucha creatividad, para criar a sus hijos. Este es un reto que usted debe aceptar y tomar seriamente. Es mucho más importante que cualquier carrera.

¡Siempre hay esperanza! Aún cuando un niño estuviera endemoniado, no hay que perder la esperanza. Con Dios, nada es imposible. Recuerdo varias veces cuando sentada a la orilla de mi cama hablando con Dios, le dije, «Padre, ni siquiera Tú puedes cambiar a este niño.» ¡Pero sí lo hizo, y puede cambiar al suyo también!

Frecuentemente los padres no tienen idea de cómo son sus hijos fuera del hogar, ni tampoco qué está pasando dentro de su espíritu. Algunas veces estamos enojados con Dios por no ayudarnos más, o por lo que está permitiendo que le pase a nuestros hijos. Pero Dios usa nuestras experiencias, tanto buenas como malas. Él sigue siendo el Dios Redentor, aún cuando el niño esté herido.

La voluntad de Dios en la vida de nuestros hijos y en la nuestra no es automática. Debemos hacer nuestra parte para esperar que la voluntad de Dios sea hecha. Un varón cristiano del siglo XVI dijo: «La esencia del cristianismo es abandonarse totalmente a Dios.» Esto no significa que debemos abandonar nuestras responsabilidades, sino buscar la unión de la voluntad de Dios y el hombre, que nos colocará en una posición en la que Dios puede trabajar a través de nosotros y en nuestros hijos. Necesitamos oír y obedecer a Dios. A medida que entrenamos a nuestros hijos a «escuchar y obedecer», transferimos ese mismo espíritu de obediencia a su relación con Dios.

Tal vez debo agregar algo más concerniente a como establecer límites y entrenar la voluntad, sin romper el espíritu del niño. Hay varias cosas que dañarían el espíritu de un niño.

1. Tratamiento injusto. Si uno o ambos padres son muy ásperos, poco amorosos, despreocupados, determinados a presionar mucho a sus hijos o por el contrario no requerirlos en nada, hará que la autoestima del niño sea destruida. El niño reacciona a la falta de ayuda desarrollando problemas de rebeldía o convirtiéndose en alguien pasivo, construyendo una barrera de autodefensa para protección. ¡La justicia importa!

2. Entrenamiento mediocre. La falta de autocontrol, dirección, disciplina y un entrenamiento positivo y repetitivo, puede dejar al niño con el alma y el espíritu fragmentados. Tal vez el niño pueda desarrollar un espíritu fuerte, pero no va a ser un espíritu justo. Y él o ella no podrán ser capaces de ganar en la carrera de la vida. Los padres por lo tanto, recibirán muy pocas satisfacciones provenientes de este hijo.

¡Los psicólogos y maestros dicen que darle unas nalgadas a un hijo es un abuso al menor! Dios dice que es un medio aceptable para entrenar a un niño. ¿Cómo puede ser esto? «Disciplina» y «amor» van de la mano. Enseñar a un hijo a «escuchar y obedecer» es lo más importante que usted debe hacer. Hasta enseñar a un hijo a amar a Dios es improductivo si no hay disciplina. Podrán tenerle amor a Dios, pero nunca verán la necesidad de honrarlo, respetarlo y obedecerlo.

CAPÍTULO VIII
EL DOLOR ES UNA PARTE NECESARIA DE LA VIDA

Todos, hasta donde nos es posible, tratamos de evitar el dolor y ¿por qué no hacerlo? Nuestros prejuicios culturales niegan que hay un valor redentor que acompaña siempre al dolor. No «escogemos» el dolor, pero aún así necesitamos reconocer su valor. Mirando hacia atrás en mi propia vida, puedo testificar que el dolor es a menudo valioso. Cuando nuestra hija Janae murió, Dios abrió las ventanas de los cielos y me bendijo con una sobrenatural confortación de Su presencia.

Yo no podría haber escogido el dolor, pero es extraño decirlo, ésta fue probablemente la experiencia más valiosa de mi vida. Otorgado como un bono, mi pequeña bebé está a salvo «en el reino de los cielos» sin el sufrimiento de la vida aquí en la tierra. Verdaderamente he aprendido ¡cuán grande y bueno es Dios! Pero Dios va mucho más allá, Él aplica dolor, pero también da fortaleza, fe, sanidad y amor como respuesta.

Job 5:17-18 dice: *«He aquí, bienaventurado es el hombre a quien Dios castiga; por tanto no menosprecies la corrección del Todopoderoso. Porque Él es quien hace la llaga, y Él la vendará».*

El hecho es que cuando estamos quebrantados, cuando el

gozo y la seguridad que creíamos nuestra, se destruye, nuestros planes se deshacen y la autosuficiencia ya no es suficiente, parece que aprendemos cómo amar y vivir mejor. El dolor es uno de los ladrillos de construcción de nuestras vidas.

Es importante entender que el dolor no siempre significa que Dios está disgustado con nosotros. Dios es un Padre amoroso, lleno de sabiduría y misericordia. Él demuestra Su sabiduría a través de la misericordia y la corrección. Algunas veces esto involucra dolor. ¿Cuál es el valor del dolor que sufrimos? ¿Qué beneficios obtenemos de esto? Y ¿Qué propósito se cumple en nuestras vidas? Considere esto:

1. El dolor finalmente nos conduce a buscar a Dios. Muchos de nosotros podríamos no buscar a Dios, o no le responderíamos si no tuviésemos dolor.

2. El dolor da crecimiento espiritual y emocional además de rápida maduración

3. Por medio del dolor, Dios rompe con nuestro egoísmo y nos ayuda a romper nuestras murallas.

4. El dolor nos encamina a extender la mano a otros, una «necesidad» que tenemos, pero que no siempre reconocemos.

5. El dolor hace barbecho, en la tierra dura de nuestros corazones y nos muestra lo que realmente está adentro.

6. El dolor llega a ser la prueba de la obediencia. Debemos obedecer aún cuando esto nos cueste y cause dolor. ¿Creeremos que Dios está siempre en medio de nuestro dolor? ¿Creeremos que el dolor estará siempre bajo su control? ¿Creemos que tiene en Su mente el bien para nosotros aunque parece ser obra de Satanás?

Jeremías 29: 11 dice: *«Porque yo sé los pensamientos que tengo acerca de vosotros, dice Jehová, pensamientos de paz, y no de mal, para daros el fin que esperáis».*

7. *El dolor manifiesta la actitud del corazón.* Cuando experimentamos en dolor, es fácil que nos rebelemos. La rebelión es una peligrosa respuesta al dolor porque nos acarrea más problemas de los que soluciona.

8. *Cuando el dolor es permitido abrimos la oportunidad para que la misericordia de Dios actúe.* Aceptar con fe, situaciones dolorosas, es responder correctamente al dolor.

Santiago 5: 11 dice: *«He aquí, tenemos por bienaventurados a los que sufren. Habéis oído de la paciencia de Job, y habéis visto el fin del Señor, que el Señor es muy misericordioso y compasivo».*

En Santiago 5:10, vemos que Job prosperó después de que oró por sus amigos. Se olvidó de su propio dolor para orar por otros. Job respondió positivamente al dolor que Dios permitió que padeciera, y el Señor incrementó al doble todo lo que había perdido. Por largo tiempo parecía como si Job hubiese perdido todo físicamente y Dios le hubiera vuelto la espalda. Pero después de su dolor y de que los problemas terminaron, Job vivió 140 años y tuvo otros siete hijos y otras tres hijas; vió cuatro generaciones de hijos y nietos. Job murió siendo viejo y lleno de días.

Las bendiciones de Dios vienen sobre aquellos que soportan el dolor que Dios permite, que responden con paciencia, y se recuperan rápidamente en su fe.

En Job 42:5 dice, «De oídas te había oído; mas ahora mis ojos te ven».

Después de que Job se arrepintió, fue bendecido materialmente. Pero mucho más importante que lo material, fue su edificación y el conocimiento profundo de Dios, que le fue revelado.

Permita el dolor en su vida porque éste le transporta a los brazos amorosos de Dios. No se revele contra Dios. La mayoría de nosotros no confiamos «primero» en Dios cuando pasamos nuestro dolor. Preferimos echarle la culpa: ¿No puede mantenernos fuera de lo que está pasando? Preguntamos, ¿o por lo menos quitarlo?

Echarle la culpa a aquellos que están a su alrededor trae más dolor y confusión, especialmente si creemos que ellos son la causa o contribuyeron al dolor que estamos padeciendo. Este tipo de respuesta no resuelve nada.

Igualmente una inapropiada respuesta es culparnos a nosotros mismos. Esto pudiera parecer natural cuando nuestros hijos empiezan a alejarse de Dios. Entonces solemos preguntarnos ¿qué hicimos mal? ¿En qué momento fallamos? ¿Qué podemos hacer para arreglar esta situación?

Si Dios usa el dolor, debemos aprender a manejarlo primero en nuestra vida y después en relación a nuestros hijos. Debemos orar para que Dios nos guíe para enseñar a nuestros hijos cómo el dolor, cuando se confronta debidamente, moldea una vida.

Una vez que hayamos aprendido a manejar el dolor, estaremos en posibilidad de enseñar a nuestros hijos a correr a Jesús en tiempos de tribulación, a buscarle para ser sanados y a aprender del sufrimiento. Sus hijos aprenderán a buscar a Dios, para saber lo que Él les está diciendo a través de su dolor. Este vendrá tarde o temprano a cada uno, y los hijos que hayan aprendido la función del dolor en la vida, lo enfrentarán mejor. Los niños necesitan saber que Dios está allí, esperándoles, si no se rebelan contra ÉL

El dolor sirve para purificar nuestra naturaleza humana, perfeccionar nuestra obediencia y limpiar nuestros pecados. Es esta la parte que el dolor juega en nuestro desarrollo y el de nuestros hijos. Por lo tanto, es muy importante la forma en que respondamos al dolor y cómo lo asimilemos. El dolor es utilizado por Dios para traernos a una vida de santidad.

Para que los hijos maduren correctamente, les hacemos un gran beneficio usando el dolor, si fuese necesario como un correctivo. La Biblia apoya sólidamente este principio, tanto en el Antiguo como en el Nuevo Testamento. Considere estas Escrituras:

Prv. 13:24 dice: *«El que detiene el castigo, a su hijo aborrece; mas el que lo ama, desde temprano lo corrige».*

Prv. 22:15 dice: *«La necedad está ligada en el corazón del muchacho; mas la vara de la corrección la alejará de él».*

Prv. 23: 13, 14 dice: *«No rehuses corregir al muchacho; porque si lo castigas con vara, no morirá. Lo castigarás con vara, y librarás su alma del seol».*

Este versículo es utilizado por los que defienden el abuso al menor, como una aberración de Dios. Los que lo hacen, obviamente no comprenden la profunda dimensión y trascendencia del amor y la disciplina en la que Dios en Su sabiduría como Creador y Padre, nos conduce precisamente para nuestro bien.

Prv. 29:15 dice: «La vara *y* la corrección dan sabiduría; mas el muchacho consentido avergonzará a su madre».

Efesios 6: 1-4 nos dice: «Hijos, obedeced en el Señor a vuestros padres, porque esto es justo. Honra a tu padre *y* a tu madre, que es el primer mandamiento con promesa; para que te vaya bien, *y* seas de larga vida sobre la tierra. Y vosotros, padres, no provoquéis a ira a vuestros hijos, sino criad/os en disciplina *y* amonestación del Señor».

Actualmente es común encontrar padres, especialmente madres, que creen que cualquier clase de castigo que implique dolor físico, es una falta de amor hacia el hijo. La Bíblia enseña que es lo contrario, ¡el no amar a los hijos es permitirles que continúen en su rebeldía, siendo egocéntricos y obstinados! Dejarlos sin disciplina los conducirá a años de vida vacíos e infelicidad, porque sus actitudes les acarrearán frustración constante, desastre y dolor que no comprenderán, y tampoco tendrán un deseo de cambiar. El mundo no será tan benévolo con su hijo, como lo es usted.

Por supuesto que ha habido padres que abusan del castigo físico, y con seguridad siempre los habrá. Muchos niños han sido castigados cruelmente y han sufrido graves daños a consecuencia de la ira, enojo, frustración y falta de santidad de adultos egoístas e inmaduros. Es fácil ver porqué la gente que no tiene bases bíblicas, verá el empleo del dolor como una forma inapropiada para corregir a los niños.

Algunas veces los padres se resisten a disciplinar a sus hijos físicamente por la rebeldía y enojo que ellos sintieron cuando recibieron nalgadas cuando eran niños. Tales padres pudieron haber sido golpeados injusta o inapropiadamente o de forma violenta y a menudo la aversión a un padre o una madre, se debe a la rebeldía de su propio corazón.

El dolor físico, hacia niños que se niegan a escuchar y obedecer es una medida efectiva de disciplina, cuando es administrada con justicia y misericordia.

Es digno de mencionar, que aquellos cuyos padres los castigaban físicamente en forma adecuada, están contentos por ello, porque les cambió a una forma positiva, la cual reconocen y aprecian ahora.

Los niños deben ser tratados con igual respeto que cualquier adulto. Y nunca debe haber una sensación de fuerza superior que tome ventaja del débil. Los niños jamás deben ser disciplinados por accidentes, o golpeados simplemente porque el padre quería desquitar su coraje.

He visto niños pequeños que se agachan cada vez que $alguno$ de los padres levanta una mano, por el hecho de que han crecido esperando ser golpeados. Siempre será reprobable golpear a un niño tan solo por maldad, o por frustración, o por tener a la mano a un ser indefenso.

Los niños jamás deben ser castigados de manera indisciplinada. Los padres deben estar siempre en control de sí mismos, y el niño siempre debe entender porqué está siendo castigado. Es fácil tomar venganza cuando los niños nos acorralan constantemente. Pero no debemos permitirles que vayan más allá en su comportamiento negativo. La disciplina debe ser siempre un acto positivo que alinea a un niño en justicia.

Causar dolor a un ser inocente, proviene de una naturaleza maligna. Los niños y los adolescentes a menudo sufren. Como adultos con frecuencia fallamos al ignorar las razones por las cuales están sintiéndose miserables, y no les ofrecemos apoyo. Así, ese dolor se torna en amargura. Esto da como resultado un espíritu dañado, rebelión, drogas y otra gran cantidad de problemas conectados a estos sentimientos de desesperanza.

En los adolescentes y los niños pequeños, el dolor que reciben de sus hermanos y de los niños con quienes conviven, es sumamente agudo, y su autoestima puede ser muy dañada y hasta destruida. Cuando los niños critican o lastiman a otros niños, suelen ser crueles. Los niños y jóvenes que hacen críticas u ofenden a otros, casi nunca están conscientes de los daños que ocasionan al lastimar los sentimientos de otros.

Los padres deben reconocer que a los niños no les gusta ser diferentes. Por ejemplo, niños que llegan a vivir a otro país, adoptan rápidamente el nuevo idioma porque quieren parecerse a los niños con quienes juegan y tienen amistad. En las escuelas hay una gran presión por adoptar las modas y el lenguaje. Los niños cristianos con frecuencia se hallan en conflicto por querer entrar en el sistema del mundo en el cual están viviendo, y al mismo tiempo agradar a Dios y a sus padres.

El apoyo en casa, la comprensión y la guianza de padres sabios, les ayudará a superar dicha presión. Es importante ayudarles a definir las ventajas y bendiciones de su ambiente cristiano, y generalmente verán que su vida es mucho más fácil que la de los demás.

Los padres también pueden causar gran dolor a sus hijos, aún sin saberlo. Si no hay amor o estabilidad en el hogar, la seguridad del niño se destruye. Los padres que pelean frente a sus hijos parecen no tener idea del daño que les hacen. Aún el pelear en la alcoba puede ser devastador, por la ira y el ruido que traspasa las paredes. No en balde tantos niños se suicidan. Para ellos el mundo es obviamente un mal lugar para estar y desean irse a cualquier costo.

Los padres que se divorcian también causan extremo dolor a sus hijos. Nuestra egocéntrica sociedad nos ha convencido que los niños sobreviven muy bien al divorcio. La mayoría se las arregla para seguir viviendo y algunos hasta lo superan. Pero a pesar de las estadísticas, mi esposo y yo podemos decirles que después de veintiocho años de consejería, el divorcio resulta extremadamente difícil para todos los niños. Algunos terminan tan lastimados que cargan con ese dolor para toda la vida.

No es mi intención que alguien se sienta culpable. Estoy simplemente exponiendo los resultados del divorcio. Cuando Dios dice: «Yo detesto el divorcio» (Malaquías 2:16, Biblia de las Américas) creo que se está refiriendo a las consecuencias que provoca el divorcio. Tanto los hijos, como el cónyuge inocente, quedan muy lastimados. La pareja en sí, queda herida, casi devastada. Con razón Dios aborrece el divorcio y agrega al final del versículo: «.Prestad atención, pues, a vuestro espíritu y no seais desleales».

Finalmente, algunas cosas que he aprendido en mi camino:

1. No muestre su dolor ante sus hijos. Cuando lo hace, les está diciendo que no hay esperanza. Un padre deprimido roba el gozo del hogar y es una puerta abierta para que Satanás trabaje.

2. Acepte el dolor como una oportunidad de crecimiento y esto

le hará acercarse a Cristo. Las tribulaciones son para fortalecerle. El Señor nos trae a la madurez a través de lo que sufrimos. Deje que el dolor le madure como padre. Hebreos 5:8 dice que aún Jesús aprendió obediencia a través de lo que sufrió.

3. Aprenda a verdaderamente confiar en Dios el cual responde las oraciones de sus hijos con Su sabiduría y no con la de usted. Usted debe totalmente confiar en Él acerca de la vida de sus hijos.

Que cada fibra de su ser como progenitor, comience a ser cambiada para traer vida a su hijo y sostener esa vida física y espiritualmente. Este es el deseo más grande de nuestro corazón, que ellos aprendan a amar a Dios como nosotros lo amamos. Nuestra esperanza es que nuestros hijos se apropien de la comunión, protección y consuelo de Dios a lo largo de su vida y que tengan en los cielos una morada eterna con nuestro Padre. Es natural dejarse llevar por el pánico cuando respondemos carnalmente al notar evidencias de las obras de Satanás en sus vidas. En algunos casos, esta evidencia es muy clara a temprana edad de los niños; pero a cualquier edad, el pánico no va a ayudarnos. La fe en Dios es la respuesta.

Empecé a aprender a confiar en el Señor con mi hija Janae. Nació en Brasil y parecía que siempre estaría enferma. Por cinco meses y medio luché por mantenerla viva, sólo para perder la batalla el 11 de julio de 1965. Esa fue mi primera experiencia con el dolor de perder una vida, y experimenté esto en lo profundo del corazón de Brasil, sin mi familia y sin mi esposo presente.

Pero alguien estuvo ahí. Dios vino a mí y caminó cada paso del camino conmigo. Lo que experimenté en ese tiempo me dio una increíble visión de un Dios fiel, quien permite el dolor pero conforta con un poder sobrenatural cuando acudimos a ÉL La muerte de Janae trajo regalos espirituales a mi vida, que han permanecido por 30 años, y puedo asegurarle que cuando usted acepta la voluntad del Padre, Sus bendiciones le seguirán, le alcanzarán y le sobreabundarán.

Lo único que Dios nos pide es que lo elijamos, nos aferremos a Él, y confiemos a Él nuestras vidas y las vidas de aquellos que amamos Quiere que nos abandonemos en Sus brazos y que le permitamos libremente hacer cualquier cosa en toda área. ¡Dios es maravilloso! ¡Pruébelo! Si usted se da cuenta que sus hijos empiezan a apartarse de la voluntad de Dios, de inmediato ponga a trabajar su fe. Dios quiere darle testimonio de Su fidelidad.

4. Nuestro mayor sufrimiento es ver sufrir a nuestros hijos. Por lo general hacemos todo lo que está a nuestro alcance para ayudarles y en algunas ocasiones esto está bien, pero no trate de hacer todo por sus hijos. Deje a Dios ser Dios. Déjele trabajar, y no se interponga en Su camino al quitar todo el dolor de la vida de sus hijos. Manténgase señalándoles al Unico que tiene todas las respuestas hasta que ellos lo puedan buscar por ellos mismos.

5. Dios usa a nuestros hijos para perfeccionar la rectitud en nuestras vidas. Mientras educamos a nuestros hijos, nosotros también estamos aprendiendo. Es por ello que estoy convencida que nosotros los padres, somos la clave para criar a nuestros hijos en santidad. Si le permitimos a Dios trabajar en nosotros, haremos un mejor trabajo. Los mejores maestros son aquellos que han experimentado lo que enseñan.

6. Debemos responsabilizarnos de nuestras vidas, y nuestros hijos deben ser responsables de sus acciones y reacciones en rela-

ción a lo que la vida les va poniendo. No podemos escoger quién será el que nos lastime, pero si podemos decidir cómo responder a esa herida. Usted puede sobreponerse a sus dificultades en el nombre de Jesús, si verdaderamente lo desea.

7. La alegría dentro del hogar es sumamente importante, pero ser padre puede ser extenuante y demandar mucho esfuerzo y tiempo. Debemos redoblar nuestras fuerzas para mantener tanta paz y felicidad como sea posible dentro de nuestros hogares. Una amiga que tiene 8 hijos, me dijo que disfrutaba mucho la crianza de sus hijos, y qué estaba emocionada por el verano que se aproximaba. Ella es una mujer feliz, llena de energía, que junto con su esposo han educado estupendos chicos; sólo uno de ellos mostró rebeldía en su temprana infancia.

Mi esposo con frecuencia me ha dicho que es la madre la que establece la atmósfera en el hogar. Pienso que esto es cierto. Por medio del gozo y el entusiasmo podemos crear un entorno que beneficie a nuestros hijos a través de toda su vida. ¡Además esto significa verdadera santidad!

La depresión, la irritabilidad y las respuestas ásperas, así como la impaciencia, no tienen cabida en un hogar cristiano.

La habilidad para relajarse, divertirse, hacer las cosas juntos, y mantener siempre el sentido del humor, son poderosas herramientas para los padres.

8. No debemos golpear verbalmente a nuestros hijos. Muchos padres bien intencionados, bajo presión, les dicen cosas a sus hijos que pueden destruir su confianza. ¡Cuide se lengua! y brinde a sus hijos atención individual tan frecuentemente como le sea posible. Y siempre practique la bondad y la misericordia.

9. No debemos responder irracionalmente cuando nuestros hijos se encuentran en dificultades. Es tentador el defenderles aún cuando sospechamos que puedan ser culpables. Por su bien, debemos tener control y tratarles con verdad y honestidad. Sí, apóyelos, pero hágales saber que tendrán que sufrir las dolorosas consecuencias si son culpables y necesitan la corrección. Recuerde que ignorar o negar una mala acción, daña a sus hijos. El hacer frente a la verdad es la mejor forma de ayudarles, especialmente si se trata de drogas.

10. Mucho del dolor que sufrimos como padres es inmerecido. Pero mucho de éste es también merecido y de nuestra propia responsabilidad. En ambos casos debemos confrontarlo, corregirlo y extender perdón a otros y a nosotros mismos. Esta es la única forma de encontrar paz y unidad.

11. Hay cierto tipo de dolor del cual debemos rescatar a nuestros hijos. Por ejemplo si asisten a escuelas en donde se encuentran sufriendo, es recomendable cambiarlos si sabemos que los problemas no tienen solución. Deje que sea Dios quien le guíe. Los niños no deberían soportar dolor innecesario. Igualmente pida la sabiduría de Dios.

CAPÍTULO IX
CONCEPTOS IMPORTANTES EN LA CRIANZA DE LOS HIJOS

¿Cómo puede guiar a sus hijos hacia vidas disciplinadas, llenas de justicia y que glorifiquen a Dios?

1. *Enseñe a sus hijos a tener dominio propio.* Éste es indispensable si van a ser útiles y fructíferos en sus vidas y en el conocimiento de Dios (2 P. 1:8). No podemos criar hijos justos sin enseñarles dominio propio. Esta no es precisamente una meta popular. 2 Timoteo 3:1-7, nos habla de los últimos días, así como de los difíciles tiempos por venir. En el versículo 3, la falta de dominio propio está enlistada junto con la autocomplacencia y muchos otros problemas que están en boga en nuestra sociedad actual.

En la vida cristiana, la justicia y el dominio propio van juntos. En 2 Pedro 1:6 encontramos el dominio propio en la lista junto con otras cualidades necesarias para el desarrollo de las virtudes cristianas. En el versículo 9, se nos dice que aquel que adolece de estas cualidades es miope o ciego. El versículo 10, dice qu si practicamos el autodominio, nunca tropezaremos. Qué importante será, pues, implantar en nuestros niños esta cualidad.

En Gálatas 5:23 leemos que el dominio propio es uno de

los frutos del Espíritu Santo, junto con el amor y la paz. En Hechos 24:25-27, encontramos a Pablo discurriendo sobre «la justicia, el dominio propio, y el juicio venidero». Es sorprendente encontrar el dominio propio, entre la justicia y el juicio venidero -doctrinas importantes de la fe cristiana-

El dominio propio empieza con los padres, quienes lo modelan y lo enseñan a sus hijos. No podemos esperar dominio propio y disciplina en nuestros hijos, cuando nosotros mismos no estamos en control. Los niños que no aprenden dominio propio en sus hogares, lucharán en la vida, y tal vez nunca salgan victoriosos. Muchos de ellos crecen arrojando sus frustraciones sobre sus propios hijos, perpetuando un círculo de abuso.

La anarquía {ausencia de gobierno, desorden, confusión) en el hogar, engendra anarquía en la comunidad. A mayor cantidad de niños que se han criado sin dominio propio, mayor será el desorden en la sociedad. En la actualidad, la excesiva libertad empleada en la educación de los hijos, solamente conduce a disimular la culpa, y no resuelve nada. Sin dominio propio no se puede ser justo, y cuando no lo enseñamos a nuestros hijos, toda la comunidad sufre las consecuencias, así como también nuestros hogares. Si usted no está dispuesto a sacrificar su tiempo y energía para disciplinar, no puede esperar dominio propio en su hogar.

2. Mantenga el respeto de sus hijos, comportándose como adulto. Si usted es un padre que grita, pelea, y discute como niño, no puede esperar mucho respeto. Si es corto de carácter, preocupado, distraído y no les demuestra amor, no espere que sus relaciones sean positivas y exitosas. Somos responsables ante Dios por nuestras acciones. Y en cierto sentido lo somos igualmente ante nuestros hijos. Ellos deben saber quién es el adul-

to. Deben depender de nosotros para estar en control, lo cual les brinda seguridad física. Debemos ser comprensivos, lo que les dará seguridad emocional. Al comportarnos con madurez frente a ellos les proporcionamos un modelo de acción que pueden imitar. De ese modo aprenderán lo que es justo. Ser paciente con ellos, les da un sentido de importancia, estima y valía.

Los padres nunca deberían pelear ni discutir con sus hijos, a ver quien grita más fuerte o quien se sale con la suya. No deberían decir «cállate,» o abofetear a sus hijos en el rostro. Si los padres quieren que sus hijos los respeten ahora y el resto de sus vidas, primero ¡deben respetarlos a ellos hoy! Sí, aunque no se lo merezcan. Debemos aprender a cerrar nuestra boca. Hemos escuchado tanto acerca de la «buena comunicación» que nos hemos olvidado de la virtud de guardar nuestra boca.

Comunique amor y entendimiento. De a sus hijos un sentido de valor destacando lo mejor en ellos. Sea positivo y haláguelos en formas constructivas. Esto puede obrar milagros en adolescentes que se sienten miserables, inseguros y que están tristes o tienen tendencias depresivas. Escúchelos. Yo he pasado cientos de horas escuchando y compartiendo; esto nos ayuda y mantiene abiertas las líneas de comunicación.

Escoja cuidadosamente sus palabras. Las palabras tienen un gran impacto, así que no les exprese las cosas negativas o molestas acerca de ellos o de sus acciones. Aquí es donde frecuentemente es prudente «cerrar su boca»

Cuide su volumen, el tono de su voz y hasta sus expresiones faciales. Los niños son listos y pueden leerlo como a un libro. Incluso una ceja levantada en el momento incorrecto los puede irritar.

La frase: «no hagas lo que yo hago sino haz lo que yo digo», no funciona. Cuando usted está mal o ha fallado en vivir de acuerdo a los principios que Dios nos pide, discúlpese con sus hijos. Y más que disculparse, pídales perdón a ellos y al Señor y enseñe a sus hijos a hacer lo mismo. Practique en su vida la premisa: «sígueme, así como yo sigo a Cristo Jesús». No se interponga en el camino de Dios siendo usted un mal ejemplo. Nuestra meta es criar hijos que lleguen a ser adultos maduros. Debemos ser un ejemplo vivo de lo que queremos que sean nuestros hijos.

3. Enseñe a sus hijos que el verdadero gozo proviene de la obra de Dios en nosotros y que es eterno, no solamente temporal. Debemos ayudarles a ver que la felicidad que depende de las circunstancias es una meta mundana. Ellos no van a entender esto si usted está muy afanado por la prosperidad material o si se aleja de Dios cuando es golpeado por la adversidad. Ellos deben ver que su gozo en el Señor no depende de lo que tiene, o lo que no tiene o de las circunstancias en la vida.

No se habla mucho acerca de inculcar el gozo en los hijos, pero sin embargo necesitamos desesperadamente el gozo en nuestros hogares. La Biblia habla mucho acerca del gozo. Quizá eso explica porque muchos adolescentes cristianos buscan en el mundo lo que ellos piensan que es el gozo. Lea estas hermosas Escrituras:

Juan 15:10 y 11 dice: «Si guardareis mis mandamientos, permaneceréis en mi amor; así como yo he guardado los mandamientos de mi Padre, y permanezco en su amor. Estas cosas os he hablado para que mi gozo esté en vosotros, y vuestro gozo sea cumplido».

Juan 16:24 dice: «Hasta ahora nada habéis pedido en mi nom-

bre; pedid, y recibiréis, para que vuestro gozo sea cumplido».

Juan 17:13 dice: «...para que tengan mi gozo cumplido en sí mismos».

Habreos 12:2 dice: «Puestos los ojos en Jesús, el autor y consumador de la fe, el cual por el gozo puesto delante de él sufrió la cruz menospreciando el oprobio, y se sentó a la diestra del trono de Dios».

Nehemias 8:10 dice: «...el gozo de Jehová es vuestra fuerza».

Salmo 16:11 dice: «Me mostrarás la senda de la vida; en tu presencia hay plenitud de gozo...»

Salmo 30:5 dice: «Porque un momento será su ira, pero su favor dura toda la vida. Por la noche durará el lloro, y a la mañana vendrá la alegría».

Salmo 126:5 dice: «Los que sembraron con lágrimas, con regocijo segarán».

Salmo 132:16 dice: «Asimismo vestiré de salvación a sus sacerdotes, y sus santos darán voces de júbilo».

Isaías 35:10 dice: «Y los redimidos de Jehová volverán, y vendrán a Sión con alegría; y gozo perpetuo será sobre sus cabezas; y tendrán gozo y alegría y huirán la tristeza y el gemido».

Romanos 14:17 dice: «Porque el reino de Dios no es comida ni bebida, sino justicia, paz y gozo en el Espíritu Santo».

Yo creo que podemos cambiar nuestras personalidades negativas en cantos de gozo dentro del hogar. No tenemos que vivir con lo negativo que hemos cargado durante los años de nuestro crecimiento, sino que debemos desarrollar el gozo del Señor y verlo sobreabundar y permanecer en nuestro hogar.

4. Enseñe a sus hijos a tenerfe y a esperar grandes cosas de parte de Dios. Esto puede significar que usted necesitará reflexionar en su propia fe y la confianza de que Dios tiene cuidado de usted. La fe verdadera es una gran herencia para transmitir a sus hijos. Si ellos han visto la realidad de Dios y la evidencia de Su obra en su hogar, estarán más gustosos de permanecer con Jesús. Ellos necesitan ver a Dios contestando las oraciones y aún obrando milagros a favor de la familia.

Nuestros hijos necesitan entender que Dios no siempre contesta nuestras oraciones de la forma en la que esperamos que lo haga. Sin embargo, necesitamos confiar en Él porque Su sabiduría es perfecta y nos ama y sabe qué es lo mejor para nosotros. Dios ve el cuadro completo, no sólo lo inmediato a lo que queremos que Él responda. Tener presente esto en nuestra vida, nos librará de posibles desilusiones y enojo en contra de Dios, cuando Él no vea las cosas a nuestro modo.

Deje que Dios sea Dios. ¡Hable de sus grandezas! Vívalo delante de sus hijos amados. Su fe crecerá y también la de ellos.

Deuteronomio 32:3 y 4 dice: «Porque el nombre de Jehová proclamaré. Engrandeced a nuestro Dios. Él es la roca, cuya obra es perfecta, porque todos sus caminos son rectitud; Dios de verdad, y sin ninguna iniquidad en él; es justo y recto».

5. No trate de hacer el trabajo de Dios. Hay algunas cosas que simplemente no podemos hacer por nuestros hijos. No somos lo suficientemente listos para criarlos sin la ayuda de Dios, y algunas veces nuestros esfuerzos por ayudarles causan más da-

ños que beneficios. Nos causará más angustia insistir en resolver las cosas por nosotros mismos.

Si queremos que nuestros hijos sean verdaderos creyentes, ellos deben primero ver que descansamos en Dios. Si ellos ven que dependemos en nosotros para resolver los problemas de la vida, no aprenderán a depender de Dios. Nuestras acciones deben decir que creemos y esperamos que Dios obre a nuestro favor. A menudo fallamos en orar, y entonces ellos fallan en tener una expectativa de la bondad de Dios para contestar una oración. Es triste cuando dejamos a nuestros hijos con la impresión de que Dios no está cerca de nosotros.

Algunos niños y adolescentes tienen la idea de que no hay esperanza para ellos, ni aún en Dios. Se dan cuenta que ni sus padres los pueden manejar y que por lo tanto, no hay respuesta a sus problemas y fallas. Como padres debemos brindarles una esperanza para sus vidas aún cuando veamos el trauma y lo difícil de la situación. No es fácil tener fe en estos días, pero es precisamente ahora cuando necesitamos afianzarnos más a la fe. Dios es poderoso y capaz de aliviarnos de aquellas cosas que nos preocupan.

6. No permita que sus hijos alberguen odio. ¡No queremos formar un hijo necio!

Eclesiastés 7:9b dice: «**porque el enojo reposa en el seno de los necios».

Un ejemplo interesante de esto es mi nieto. Antes de su nacimiento, sus papás pasaban por un tiempo difícil. Por otro lado, ha existido una predisposición al enojo que se ha transmitido generacionalmente en la familia. A los pocos meses de nacido el bebé empezó a pelear agresivamente con su madre, cuando ella trataba de cambiarle los pañales. Tenía el ceño fruncido por mucho tiempo y parecía estar listo para la batalla.

Mi hijo manejó la situación nalgueando a su hijo y sentándolo a su lado hasta que el enojo, el ceño fruncido y la mala actitud se hubieran marchado. Funcionó perfectamente. De vez en cuando le tenemos que recordar al niño su tendencia a enojarse, pero por lo regular, con una palabra de ánimo y advertencia, regresa a su buena disposición.

Use su habilidad creativa para resolver el problema del enojo en sus hijos. Trabaje en ello. Dios le dará formas para ayudarles a tratar con el enojo. Empiece tan pronto como lo vea desarrollarse. Ore fervientemente y no se dé por vencido. Con entusiasmo e ingenio, dése a la tarea de reemplazar el mal carácter de sus hijos, por el gozo de Cristo. Si usted trata de aparentar que el problema no existe, o si pierde la esperanza y la fe de que la situación puede cambiar, estará formando un hijo necio.

Padres, no huyan de su responsabilidad de disciplinar a sus hijos. Muchos hombres dejan la disciplina a sus esposas. Debe haber unidad entre los padres en cuanto a la disciplina y ninguno de los dos debe ser siempre el malo mientras el otro es el bueno. Los padres que disciplinan a sus hijos son elogiados porque los resultados son claramente patentes en el desempeño de los hijos a lo largo de sus vidas.

La comunicación es vital cuando estamos enfrentando un problema con el enojo. Un hijo debe saber que usted está dispuesto a lidiar con el problema del enojo, aunque eso represente que tenga que admitir que usted tiene culpa. El no confrontar el enojo le da la oportunidad al diablo de estropear la paz de su familia.

7. Enseñe a sus hijos el valor de la vida humana. Nada sobre la faz de la tierra es tan valioso como una vida. Dios quiere que todos formemos parte de Su semilla de justicia y rectitud. Aunque ciertamente fuimos creados con libertad para elegir el bien o el mal, ningún ser humano debería tener el derecho de sentirse dueño de su propia vida. Declarar que «mi vida me pertenece a mí» abre la oportunidad no sólo para perjudicarnos a nosotros mismos (como es el caso de los que viven encadenados a un vicio o aquellos que llegan al extremo de tomar su vida, suicidándose), sino también de no respetar la integridad de los demás. No tenemos el derecho de destruir la vida de nuestro prójimo, ni con nuestras críticas. Ojalá que todos pudiéramos decir, «mi vida le pertenece al Dios que me ama, por lo tanto el anhelo de mi alma es vivir de acuerdo a Su voluntad».

La Biblia nos dice que a Dios le importa la opinión que tenemos de Él y lo que expresamos acerca de Él (Job 42:7b, 8b). Es sabio cuidar lo que decimos acerca de Dios. Como Padre, Él es también sensible a las opiniones que expresamos de sus otros hijos. A pesar de ello, seguimos criticándonos los unos a los otros.

Debería ser fácil entender cómo se siente Dios porque como padres, nos afecta cuando nuestros hijos son criticados, menospreciados o maldecidos. Sabemos que no son perfectos, pero esperamos que los demás sean comprensivos y pacientes con ellos.

Por favor no despliegue un espíritu de crítica enfrente de sus hijos especialmente cuando se trate de otros cristianos. Esto devalúa el cristianismo ante sus ojos, así como a las personas que criticamos. Es prudente que evitemos decir cosas que dañen a los otros hijos de Dios (Prv. 12:18, Prv. 17:27, Col. 4:6, Stg. 3:2, 9, 10).

8. **Enseñe a sus hijos a tratar a otros con buenos modales.** Mi hija me dijo una vez que escuchó describir las terribles cosas que algunos tuvieron que soportar en sus hogares cuando eran niños y me dijo: «mamá, nosotros no tuvimos esos problemas en casa.» No quiero dar la impresión de que éramos perfectos porque no lo éramos, ni lo somos. Pero nuestros hijos vieron el respeto entre sus padres, y no se les permitió que se faltaran al respeto entre ellos. Tampoco se les permitía faltarles al respeto a ningún adulto o a quienes tuvieran autoridad sobre ellos.

Débiles acciones hacen gente débil con carácter débil. Gálatas 5:22-26 nos da una lista del fruto que produce una vida que tiene el Espíritu Santo. Casi todos tienen que ver con el trato que damos a los demás: amor, gozo, paz, paciencia, benignidad, bondad, fe, mansedumbre y templanza. Estos son el fruto de una buena relación con los demás y son la esencia misma del cristianismo.

9. **Enseñe a sus hijos a vivir desinteresadamente.** Centrar todo alrededor de uno mismo, y preocuparse sólo por los intereses personales, le hace ser una persona desconsiderada. El desinterés de uno mismo lleva implícit a la generosidad, amabilidad y consideración hacia otros hasta el punto del autosacrificio.

La cantaleta de esta época es «el yo»; autocomplacencia, felicidad personal a cualquier precio, igualdad de derechos bajo cualquier situación, libertad personal y son repetidos una y otra vez. Debemos renovar nuestra mente con los pensamientos y las expectativas que Dios tiene para nosotros.

Juan 15:13 dice: «Nadie tiene mayor amor que este, que uno ponga su vida por sus amigos».

1 Tes.. 5:11 dice: «Por lo cual, animaos unos a otros, y edificaos

unos a otros, así como lo hacéis».

Efesios 4:32 dice: «Antes sed benignos unos con otros, misericordiosos, perdonandoos unos a otros, como Dios también perdonó a vosotros en Cristo».

Los principios cristianos deben comenzar en la casa y el morir a nuestro yo debe ser enseñado y modelado a los hijos, por medio de los padres.

Los niños deben ver el respeto y la honra hacia el padre, enseñados por la madre, y ellos deben estar dispuestos a respetar y obedecer. ¡Es tan importante que los niños sean enseñados a honrar a sus padres! Si una madre falla en mantener este principio, el hijo tomará un punto de vista negativo sobre los hombres en general y tal vez no se quiera identificar como hombre. Una hija puede endurecerse para no ser vulnerable a cualquier hombre y los puede ver como seres inferiores. Después de esto viene una perversión sexual, resultado de la confusión en los papeles.

El padre debe respetar también a la madre y los niños deben constatar por los hechos, que él la ama. Un padre que no muestra respeto y amor por su esposa, se rinde a sí mismo a la voluble voluntad de sus hijos. Los niños deben ser respetados también por los padres.

¿Qué tiene que ver todo esto con el egoísmo? Esto, por supuesto, enseña a nuestros hijos que los demás son importantes. Los buenos modales básicos y el respeto en el hogar llevan a nuestros hijos a ver y tratar de suplir las necesidades de los demás a expensas de sus propios esfuerzos.

Esto nos lleva a otro problema que prevalece en nuestros

días: la falta de respeto hacia los ancianos. Lea estas Escrituras:

Levítico 19:32 dice: «Delante de las canas te levantarás, y honrarás el rostro del anciano, y de tu Dios tendrás temor. Yo Jehová».

Éxodo 20:12 dice: «Honra a tu padre y a tu madre, para que tus días se alarguen en la tierra que Jehová tu Dios te da».

10. Enseñe a sus hijos a no ser «acaparadores» sino mas bien «dadores». Nuestros jóvenes son altamente egocéntricos y demandantes exigentes. Necesitamos cambiar esto y enseñarles a ser agradecidos con lo que tienen. No podemos esperar que nuestros hijos desarrollen la generosidad divina, si están acostumbrados a buscar sólo lo suyo y nunca se niegan nada viviendo una vida egocéntrica.

El concepto del dar y la humildad son verdades centrales de la vida cristiana. Así como Cristo dio su vida en servicio a los demás y finalmente murió por todos nosotros, así estamos llamados a vivir para otros. Estamos para darnos a nosotros mismos, nuestra ayuda material y la sabiduría espiritual que Dios nos ha dado.

Nuestros hijos nunca serán demasiado jóvenes para ministrar a otros, para ofrecer sus vidas física, espiritual y aún financieramente. El Espíritu Santo puede usar a niños y jóvenes de una forma efectiva debido a la pureza de sus espíritus. Enséñeles a orar por las personas necesitadas, y que aprendan a servir a las personas que visitan su hogar.

11. Enseñe a sus hijos a valorar más a «las personas» que a «las cosas». Las cosas deben ser respetadas, pero su hijo debe saber que él o ella es más importante que los muebles, los platos rotos o la leche derramada.

Los niños necesitan un sentido de valoración propia que viene de acciones valerosas así como de un carácter valeroso. Los estadounidenses, entre otros, están en peligro de enseñar a sus hijos mediante sus acciones que el materialismo es la meta en la vida. En años pasados las parejas empezaban su vida de casados con muy pocas posesiones. Acumulaban riquezas con el correr de los años. Hoy en día, muchos jóvenes sienten que deben tener «todo» para poder casarse. En su afán por lograrlo se endeudan tanto que no son capaces de sobrellevarlo y entonces el matrimonio se viene abajo y a menudo muere.

Algunos niños están acostumbrados a usar ropa costosa y se les dan posesiones o juguetes caros. No me asombraría que no sean capaces de sobrellevar la vida. Nunca han tenido que luchar por lo que quieren.

12. No presione con el feminismo a sus hijas. No queremos que nuestras hijas sean maltratadas. Queremos que sean tratadas con justicia y que aprendan a valerse por sí mismas en este mundo. Si deben trabajar fuera del hogar, queremos que se les pague lo justo. Queremos que la autoridad masculina sobre nuestras hijas sea sabia, amable, gentil, generosa y bondadosa.

El orden de la justicia y rectitud en los hijos viene parcialmente de un apropiado concepto de la autoridad masculina, especialmente de «Dios Padre» y de su padre terrenal, como fuertes guías en su vida. Si destruimos el fundamento básico, destruimos la posibilidad de que ellos sean capaces de transmitir una herencia de justicia a sus hogares. También les roba a los hijos la necesidad básica de sentirse completos.

Si enseñamos a nuestras hijas que deben pelear y luchar por los derechos básicos de una mujer, les estaremos quitando su derecho a la paz y seguridad. Estaríamos ayudando a desarrollar una forma de pensar que Satanás podría usar para decirles: «los hombres siempre se van a aprovechar de ti y te van a dañar, nunca van a estar ahí para ti». Estos conceptos negativos pueden acarrear gran tristeza e inseguridad.

Yo estoy consciente de que un alto porcentaje de hombres no dan la medida como padres y líderes. Este es un grave problema en nuestras culturas. Sin embargo, esto no nos da el derecho como mujeres, para ignorar el orden que Dios ha establecido. Ni tampoco nos da permiso para «hablar mal» del padre y de otros hombres con quienes se relacionan nuestras hijas. Mucho depende de la madre y de su habilidad para formar buenos hábitos en sus hijos -ambos, niños y niñas. En otras palabras, una madre puede provocar problemas entre los sexos e incluso causar perversión sexual en ambos roles, tanto de niños como de niñas.

13. Enseñe a sus hijos (varones) a ser masculinos (como hombres y padres). Enseñe a sus hijas a ser femeninas (como mujeres y madres). Satanás usa todo lo que puede para destruir la hombría en un varón y la femineidad en una mujer.

14. Enseñe a sus hijos que un sentido de logro es deseable y que el trabajo bien realizado produce un sentido de satisfacción Un logro puede ser como un caluroso cobertor en contra de la frialdad de la vida. Puede proteger a nuestros hijos de sentirse inferiores, inseguros o devaluados. Descubra sus intereses y los dones y talentos que Dios les ha dado, y ayúdelos a desarrollarlos. Deles algo en lo que trabajen. Puede ser algo tan simple como papel y crayolas. Anímelos a aprender permitiéndoles que le ayuden. Comparta sus conocimientos.

Deje que sus hijos experimenten la comodidad que se obtiene de mantener un lugar limpio y ordenado. Enséñeles a limpiar los desastres que hacen. Ayúdeles poniendo el ejemplo. Muéstreles como trabajar y anímelos cuando la tarea sea grande. Necesitan que la responsabilidad empiece a temprana edad. Mientras más variadas son la experiencias de un niño, más van a aportar a las vidas de los que los rodean, y tendrán más confianza en sí mismos.

Antes de proseguir, permítame decir que el orgullo puede ser un problema terrible, que puede desbalancearnos o convertirse en cómplice de la inferioridad e inseguridad y puede llegar a ser contraproducente. El orgullo puede ser usado como una protección a causa de nuestras debilidades. Esté atento cuando el orgullo se está volviendo una «muleta» para sus hijos.

Hay dos áreas a las que me quiero referir con detalle. La primera son los modales. «Rudos y crudos» es la atmósfera en muchos hogares hoy en día, y esto es reforzado por la televisión. Las familias raramente se reúnen para cenar o comer juntos, y los niños entran a la edad adulta con una mínima idea de cómo comportarse en situaciones sociales. Por favor no mande a sus hijos a un mundo hostil, sin saber como usar los cubiertos.

Teníamos un juego en la comida de los domingos. Cualquier niño, visto por otro, con los codos sobre la mesa o con alguna otra falta de educación, debía retirarse de la mesa y contar hasta cien antes de regresar. Aquel con mejores modales era premiado con algo de dinero.

Enseñe a sus hijos cómo sentarse con propiedad en la mesa. Tal vez no necesiten saberlo, pero si son lanzados a la sociedad sin esos conocimientos, se sentirán nerviosos e inseguros. He visto a jóvenes ridiculizados por no saber usar el cuchillo.

Madres, por favor enseñen a sus hijas a cocinar. Nuestra cultura hoy en día no nos da inucho tiempo para esos asuntos. Muchas jovencitas saben muy poco de esto antes de casarse. Pero es importante que sean eficientes en el área de la nutrición. La salud de nuestras naciones está en manos de las madres, por lo que se vuelve de suma importancia saber preparar una comida saludable y bien balanceada.

Cuando nuestros cuatro hijos estaban creciendo, les permitimos experimentar en la cocina. Lograron algunos platillos interesantes. Por ejemplo una vez comimos enchiladas verdes hechas con colorante de cocina. Y en otra .ocasión, trataron de hacer un platillo brasileño llamado docede-leite. Es un bote de leche condensada que se hierve totalmente sumergida en agua por dos horas hasta que se vuelve un caramelo suave. ¡Muy rico! Sólo que esa vez se fueron a jugar, y dejaron el agua hirviendo hasta que la lata explotó, ensuciando todo hasta el techo.

15. Enseñe a sus hijos el concepto de servir a los demás. No es degradante servir a los demás. Jesús enseñó y ministró a la gente constantemente. Pero nuestra sociedad se ha vuelto tan cerrada que sentimos que si no estamos al frente o dirigiendo, significa que no tenemos éxito en la vida.

16. Enseñe a sus hijos a amar y leer la Biblia. Permítales ver que usted lee la Biblia y que le dedica tiempo en forma regular. En general, preferimos tener nuestro tiempo devocional cuando los niños no están cerca porque nos distraen y hacen difícil .la concentración. Hasta podrían tirar o romper nuestra hermosa Biblia o accidentalmente romperle una página. Pero tomándose el tiempo y haciendo un esfuerzo extra dejaremos un recuerdo memorable que nunca olvidarán.

A principios de los años 50's tuvimos nuestra primera televisión en casa de nuestros padres. Yo tenía aproximadamente 17 años y mis dos hermanos eran más chicos. Mi papá era un maestro de Biblia y solía estudiar en su cuarto. Pero cuando llegó la televisión salía de su recámara para ver qué estábamos mirando. Sentía que no podía confiar en la programación. Todavía lo puedo ver en la puerta por algunos minutos con la Biblia abierta en sus manos. El dejó una imagen que no he olvidado en 50 años.

Algunos acostumbran dar dinero a sus hijos si memorizan largos pasajes de la Biblia. Nosotros dejamos de hacerlo cuando comprendimos el valor que tiene memorizar la Escritura. Aprender el Salmo 91 fue un requisito para cada uno de nuestros hijos, y lo repetíamos juntos como familia, en las mañanas antes de salir de casa, y todavía lo hacemos cuando nos reunimos todos como familia. Es gratificante escuchar a nuestros hijos recitar la Biblia muchos años después. ¡Hágalo con su familia, no se arrepentirá!

¡Finalmente, Dios continuará trabajando en la vida de sus hijos, tal y como está trabajando en la vida de usted! Permita que la gracia de Dios actúe, mientras usted continúa educándolos.

CAPÍTULO X

ERRORES EN LA CRIANZA DE LOS HIJOS

Hay falsos conceptos que la sociedad ha desarrollado y que permitimos que se arraiguen, a causa de los cuales nuestros hijos crecen confundidos. Veamos algunos de estos falsos conceptos.

1. Terremos un falso concepto de quien es Dios, y qué requiere de nosotros. Esta generación ha llegado a ver a Dios como un gran «dulce papito», que si quiere, responde a nuestras necesidades, pero nos da la espalda si lo molestamos. Otros lo ven como un gran «cuate» que ama a todos sin importar como vivan. Él solo ama y ama y ama, y perdona, perdona, perdona.

Ambos conceptos reducen a Dios a un ser emocional en vez de un ser racional. La verdad es que Él es ambos, emocional y racional; y nosotros estamos hechos a Su imagen. La Biblia nos da ejemplos de las emociones de Dios: ira, venganza, dolor, y odio. ¿Encuentra usted difícil creer que Dios puede sentir tales emociones negativas? Así es. Recuerde que las emociones y acciones de Dios siempre provienen de Su justicia. En otras palabras, Dios experimenta ira justa, venganza justa y odio por la injusticia. Estos no son sentimientos que provengan de la depravación del ser humano.

El lado racional de Dios ve nuestra rebeldía, nuestros malos modos, nuestros sobornos, nuestra desobediencia deliberada y nuestra falta de amor. El entiende todas las razones y las circunstancias que provocan tal comportamiento, pero El espera que nos levantemos sobre esos sentimientos y que actuemos racionalmente. Seremos entonces capaces de corregir nuestros caminos rebeldes y llenos de odio. Dios es amor, pero también puede ser severo.

Romanos 11:22 dice: «Mira, pues, la bondad y la severidad de Dios; la severidad ciertamente para con los que cayeron, pero la bondad para contigo, si permaneces en esa bondad, pues de otra manera tú también serás cortado».

Porque amamos a nuestros hijos, somos buenos con ellos, pero, si ellos resisten nuestro consejo, entonces debemos estar preparados para usar la severidad por amor a sus almas. Servimos a un Dios balanceado; Él es grande en misericordia, pero no es encubridor. No solapará nuestros pecados. Nosotros somos responsables, lo creamos o no. ¡Dios no es un Padre permisivo! Es un Padre que siempre disciplina con sabiduría, entendimiento, paciencia y amor. Él nunca es cegado por Sus emociones y nunca disciplina imprudentemente. Sus emociones nunca están fuera de control.

Si nosotros amamos verdaderamente a nuestros hijos, nunca seremos permisivos, porque no los estaríamos beneficiando, sino por el contrario, podríamos incluso causar su destrucción.

Proverbios 3:12 dice: «Porque Jehová al que ama castiga, como el padre al hijo a quien quiere».

Permítame mostrarle tres ejemplos bíblicos de padres quienes fueron permisivos. Dos de ellos fueron sacerdotes y otro rey. Fueron grandes hombres de Dios, pero fallaron miserablemente como padres.

Elí, el gran sacerdote de Israel, tuvo hijos quienes «se acostaron con las mujeres que servían a la entrada del tabernáculo de reunión» (1 S. 2:22). Ellos cometieron fornicación con las mujeres que servían en el templo. El versículo 12 dice: «Los hijos de Elí eran hombres impíos, y no tenían conocimiento de Jehová». Elí los advirtió, pero ellos no escucharon. Elí aparentemente honraba a sus hijos por encima de Dios, porque no tomó los pasos necesarios para frenarlos de cometer su horrible pecado. Por su parte, Elí se volvió obeso por «engordarlos de lo mejor de todas las ofrendas de mi pueblo Israel» (1 S. 2:29).

Dios habló en 1 Samuel 2:30 diciendo, *«Porque yo honraré a los que me honran, y los que me desprecian serán tenidos en poco».*

Elí fue juzgado por la «Iniquidad que él sabía» de sus hijos, y Dios dijo de sus pecados que «no serían expiados jamás, ni con sacrificios ni con ofrendas» (1 S. 3:13, 14).

Samuel fue un sumo sacerdote y gran líder espiritual. El fue un juez justo, quien desde niño fue consagrado a Dios y oía Su voz. Fue valiente, hombre de oración y un inspirado profeta. 1 Samuel 8:3-5 dice, «Sus hijos... no anduvieron por los caminos de su padre, antes se volvieron tras la avaricia, dejándose sobornar y pervirtieron el derecho». Samuel fue un buen sacerdote, pero sus hijos no lo fueron.

El rey David era muy bien parecido y un hombre conforme al corazón de Dios. Era un poeta, valiente y divinamente escogido para el propósito de Dios. También fue un gran soldado y un campeón. Dos de sus hijos, Absalón y Adonías, trataron de usurpar el reino de su padre. La Biblia nos dice en 1 Reyes 1:6, que Adonías se exaltó a sí mismo y que su padre (David) nunca le había entristecido en todo sus días preguntándole, «¿por qué lo hiciste?».

Proverbios 29:15 dice: «La vara y la corrección dan sabiduría; Mas el muchacho consentido avergonzará a su madre».

Nuestro Dios es un Dios de amabilidad y severidad. Es decir, que su amor no es ciego de modo que permita nuestros pecados. Cuando Él nos mira, nos mira a la luz de la eternidad. De hecho, aún las cosas que nos hacen felices son vistas por Él en una perspectiva eterna. Su voluntad y anhelo están enfocados en nuestro eterno gozo, y no sólo para nuestra temporal alegría. El gozo del Señor es mencionado a menudo en la Biblia, pero interesantemente, no hay mención de la alegría personal, la cual nos afanamos por conseguir y en la que gastamos nuestra vida. Dios no dudaría en hacernos infelices en la tierra, si esto traería un eterno bien para nosotros.

Deuteronomio 32: 4 dice: «El es la Roca, cuya obra es perfecta, porque todos sus caminos son rectitud; Dios de verdad, y sin ninguna iniquidad en él; Es justo y recto».

2. Tenemos un falso concepto del amor, especialmente del amor de Dios. Hoy en día el amor es visto, primero que todo, como un sentimiento. Esto implica un exagerado énfasis en intereses egoístas. Sin el enfoque de la justicia divina y una falta de compromiso en la relación, el amor toma muchas formas equivocadas, buscando nada más el beneficio personal: «¡Me hace feliz!» «¡Llena mis expectativas!» «¡Me hace sentir bien!». Todo con el único objetivo de satisfacer nuestras emociones.

La televisión ha definido el amor en una forma pervertida, porque lo presenta como un amor irresponsable. Básicamente dice, «el amor es sexo con quien sea y como sea». Nuestros niños toman esta idea empujados diariamente por la televisión, y ellos la llegan a adoptar porque hay poca enseñanza bíblica para contrarrestar esto en nuestros hogares.

Llevar a sus hijos a la iglesia no los asegura moralmente, si usted no contrarresta los conceptos equivocados que ellos ven en la televisión. La moral de muchos niños que han crecido en la iglesia, es tan mala como la de los del mundo. Usted no debe permitir que los niños vean la televisión para quitárselos de encima y darse un poco de paz.

Malos amigos pueden extraviar a su hijo. Un vínculo formado por este tipo de amistades puede traer una testaruda y peligrosa lealtad. Algunas veces los niños traen «otro espíritu» a su hogar, cuando han estado visitando amigos. Ese espíritu puede desarrollarse en su hijo. Es fácil dejar que las cosas se deslicen, pero no las ignore, ¡enfréntelas!

El máximo ejemplo de amor fue Jesucristo, quien no sólo vivió para los demás, sino que murió en la cruz por todos nosotros. 1 Corintios 13 básicamente dice que podemos ser muy religiosos, tener muchos dones espirituales, capaces de influenciar muchedumbres con nuestras palabras, tener mucha fe, ser extremadamente benevolentes, hasta inclusive entregarnos a nosotros mismos en martirio, y aún así no tener amor. Y sin amor, todas esas cosas no beneficiarán en nada. ¡Esto puede ser algo aterrador! Muchas de las modernas iglesias están plagadas de todo eso.

¿Qué es el amor?

1 Corintios 13 nos dice que el amor es paciente, amable, no tiene envidia, no es jactancioso, no se envanece, no hace nada indebido, no busca lo suyo, no se irrita, no guarda rencor, no se goza en la injusticia, mas se goza en la verdad. Todo lo sufre, todo lo cree, todo lo espera, todo lo soporta. Las profecías, las lenguas y las ciencias se acabarán, pero el amor nunca dejará de ser. El amor es la mejor parte de nuestra fe y estará presente siempre como el fundamento de nuestra vida eterna.

El objetivo del amor debería ser la justicia, más que la gratificación personal. El verdadero amor conlleva fidelidad y compromiso, así como Dios es fiel y comprometido. El amor es bondad y es sellado con un pacto de responsabilidad. El amor demanda sacrificio, carácter, compromiso, desprendimiento, propósito, orden, justicia y preocupación por otros.

Un niño que es educado de acuerdo a la visión humanística de la vida, en donde el «yo» está en el centro de todo, tendrá graves problemas a lo largo de su vida, y podría perder la maravillosa eternidad con Dios. Sí, tenemos una gran responsabilidad cuando traemos hijos al mundo.

3. Nosotros «somos» lo que sentimos. Se dice que debemos hacer todo aquello que nos hace sentir bien. Y muchos pasan la mayor parte del tiempo de su vida bajo la tiranía de sus sentimientos. Catherine Marshall, en su libro «Más allá de Nosotros Mismos», escribe de sus experiencias con las emociones y la voluntad. Nuestras emociones no son nuestro verdadero yo. La fuerza central de nuestro ser físico es la voluntad. El diccionario define la palabra voluntad como el poder de la acción deliberada y consciente. La voluntad es el poder gobernante en nosotros, el resorte de todas nuestras acciones.

(Más Allá de Nesotros Mismos, por Catherine Marshall, Me. Graw Hill, Nueva York 1961, pág. 58).

La función sobresaliente del espíritu humano es «seleccionar». Si su voluntad no es libre de elegir, está en problemas. En la página 56 del libro antes mencionado, Catherine señala acertadamente, que la vida cristiana debe vivirse en la voluntad, no en las emociones. Dios ve las decisiones y las selecciones de la voluntad del hombre, como decisiones y selecciones del hombre mismo, sin importar cuán contradictorias puedan ser sus emociones.

Mi esposo a menudo dice: «Las decisiones justas te hacen justo, y los deseos de injusticia te hacen injusto». Todos somos tentados por la maldad, pero es nuestra voluntad la que determina si nuestros malos deseos nos gobernarán o no. Con nuestra voluntad podemos ser justos.

Se les debe enseñar a los niños que no somos ni debemos depender de lo que sentimos. Es nuestra voluntad la que debe conformarse a la voluntad de Dios. Dejándolos sin restricciones, nuestros sentimientos nos acorralarán en «una mentalidad de víctima», un concepto que ha sofocado y estrangulado a la sociedad. Si nuestros sentimientos son sojuzgados o dañados en algún modo, nos sentimos víctimas. Dios trata con nuestra voluntad, no tanto como con nuestros sentimientos. Debemos hacérselo entender a nuestros hijos, o vivirán la vida a un nivel superficial.

¿Quién es la autoridad mayor en su mundo, usted o Dios? Si estamos bajo el control de Dios, funcionamos bien. Si estamos bajo nuestra voluntad, estamos atados a nosotros mismos. Cuando estamos sobre el trono de nuestras vidas, luchamos con Dios en todo momento, creyendo que nuestros caminos son los caminos correctos. Cuando Dios es destronado, estamos solos.

A propósito, cuando asistimos a la congregación, si aplicamos el mismo concepto de confiar en nuestros sentimientos, se volverá un problema. Si se conmueven nuestras emociones, pensamos que fue una buena reunión. Pero nada en nosotros cambia verdaderamente, hasta que nuestra voluntad hace el cambio.

4. Los niños tienen derecho de hacer sus propias elecciones sin nuestra interferencia. El problema en esto, es que los niños carecen de madurez, sabiduría, enfoque y comprensión para ciertas decisiones. Por supuesto que necesitan aprender a valerse por sí mismos y tomar sus decisiones, pero también deben beneficiarse de nuestra experiencia y madurez. Ese es nuestro trabajo y nuestra responsabilidad. Todo lo que necesitamos es pedirle a Dios sabiduría, y Él es generoso para dárnosla.

Santiago 1:5 dice: «Y si alguno de vosotros tiene falta de sabiduría, pídala a Dios, el cual da a todos abundantemente y sin reproche, y le será dada».

Si pedimos con fe, Dios nos guiará para enseñar a nuestros hijos a tomar sabias decisiones. Debemos orar y confiar en el Espíritu de Dios para instruir en la verdad a nuestros hijos, confiando que Dios les dará un corazón receptivo para que puedan caminar en la verdad.

Hay un tiempo para dejar que el niño tome decisiones. Esto acontece gradualmente y ocurre con mayor frecuencia conforme madura. Pero no incluye a niños pequeños. Los más pequeños necesitan una estructura de mayor disciplina. No permita que el mundo le diga que está forzando a su hijo dentro de un molde indeseable. Las semillas de justicia necesitan establecerse (ser plantadas), cultivadas (regadas y cuidadas) y requieren de tiempo para crecer. Entonces madurarán y estarán listas para el futuro.

5. El castigo físico o aquel que produce dolor al niño, es un abuso y enseña agresión. Golpear brutalmente o en partes del cuerpo donde se le pueden producir daños, a un niño, o latigarlo verbalmente con un lenguaje abusivo proveniente de nuestras frustraciones y nuestra mala disposición, eso ciertamente, es un abuso al menor. Pero aplicar un cierto grado de dolor (nalgadas) para quebrantar su testaruda voluntad, es bíblico.

El dolor producido por un padre justo y amoroso trae sanidad al alma y rompe el poder de la rebelión. Sin embargo, debe ser aplicado con justicia, calma, dominio propio y con la firmeza necesaria para obtener los resultados deseados.

Si su hijo responde a la disciplina, sin el castigo físico moderado, es genial. Pero, la mayoría de los niños requieren un poco de dolor, antes de ser formados al modelo que Dios tiene para ellos. Después de disciplinar a un hijo, es imprescindible que aprendamos a traerlos a un espíritu de paz y reconciliación, el cual por supuesto, es el Espíritu de Cristo. Abrácelo y asegúrese que entendió el motivo de la corrección.

Algunos de ustedes al leer esto estarán tan metidos en la filosofía del mundo que insistirán en mal entender estas declaraciones. Es verdad que la disciplina dada en una manera indisciplinada puede dañar más que provocar un bien. Pero Dios respalda el dolor porque sabe que no estamos exentos de nuestra naturaleza carnal y que, por lo tanto, no llegaremos a ser lo que Dios espera, sin un cierto grado de castigo y dolor.

A menudo somos como niños pequeños, egoístas, que queremos nuestra propia manera de vivir para autocomplacernos. ¡Qué triste! El supuesto problema de agresión que algunos objetan, al corregir con unas nalgadas a nuestros hijos, se está revirtiendo; hoy los hijos agreden a los padres y a los adultos; la meta al disciplinar a nuestros hijos es romper con el espíritu rebelde que no se sujeta a la autoridad. John Wesley dijo: «La obediencia constante es el objetivo de nuestra vida hacia Dios». Y es lo que queremos que nuestros hijos aprendan.

6. Un niño necesita libertad para desarrollarse adecuadamente. Es una idea errónea pensar que un niño necesita libertad sin límites. El concepto de la libertad incluye límites y estructuras. Hay un orden en la creación de Dios y la libertad sin limitaciones es una ilusión.

El Antiguo y el Nuevo Testamento apoyan esta verdad. En el jardín del Edén, no se les permitió a Adán y Eva comer del árbol del bien y del mal. Dios puso límites al pueblo de Israel, cuando le dio los diez mandamientos a Moisés. Esas mismas leyes se encuentran también en el Nuevo Testamento, pero debido a la gracia que Dios extendió a través de su Hijo Jesucristo, éstas son perfeccionadas.

Incluso Dios se pone límites a sí mismo a través de Su santidad. Aceptar límites como parte de nuestra libertad, es un principio celestial: Debemos enseñar restricciones y límites a nuestros hijos si queremos guiarlos con felicidad, paz y vidas consagradas.

La verdadera libertad, es estar plenamente satisfechos de realizar los propósitos de Dios, conforme a Su justicia y no a la nuestra. Un hombre sin límites y estructuras es semejante a un edificio sin los cimientos apropiados; se vendrá abajo. Se autodestruirá igual que un hombre (o un niño) que no tiene fundamentos en su vida.

Para el mundo, el concepto de libertad se refleja en la definición del diccionario: «Libertad es básicamente carecer de restricciones. Es la condición de estar exento o no sujeto a ciertas cosas. Es autodeterminación y autodirección».

El meollo de la discusión sobre cómo criar a los niños, radica también en la palabra «poder». La palabra «poder» tiene implicaciones buenas y malas. ¿Quién debería demostrar el poder sobre un hijo? ¿Él mismo o sus padres? Otras palabras que implican el concepto de poder son: Desobligación, atrevimiento, audacia, sinceridad, impertinencia, imprudencia, falta de respeto, arrogancia, presunción, coraje, exención, inmunidad, liberación, deliberación, independencia, licencia, franqueza, libertad para hablar, familiaridad, libertad de acción, tomarse la libertad o el derecho de libertad en todas las cosas.

Todas estas palabras se usan para describir algún aspecto de la libertad. Como puede ver, muchas de estas palabras tienen implicaciones terribles para nuestros hijos. La mayoría conllevan una actitud de egocentrismo que no trae libertad. Nos ata a nosotros mismos y algunas veces nos hace introvertidos. Nos hacemos esclavos de la avaricia y lujuria, perdiendo nuestro sentido de propósito y destino.

A los niños no se les debería permitir gobernar una casa con tiranía, ni ser groseros o rudos. Estas no son libertades o derechos que le pertenecen a un niño. Sin embargo, algunos hogares están siendo destruidos a causa de esto. Algunos padres están totalmente controlados por la tiranía y el mal comportamiento de sus hijos. Debería ser muy claro para los niños, desde el principio de su vida, que la libertad no es absoluta. Los demás también tienen libertad y sentimientos. Ellos deben saber que cuando violan las reglas de la casa o de la sociedad, han perdido la libertad que imaginaban tener.

La peor parte para quienes tienen un espíritu independiente y egocéntrico es que nunca podrán ser verdaderamente espirituales, porque están resistiendo el fundamento básico del orden de Dios. El objetivo de la salvación es la «voluntad» del hombre, esto es, el hombre escogiendo libremente hacer la voluntad de Dios. Aquellos que están atados a sí mismos han perdido literalmente la habilidad de escoger los caminos de Dios. La verdadera libertad es tener la voluntad atada a la voluntad de Dios. El «espíritu de independencia» que está entrando a nuestras familias hoy en día crea manchas de ceguera que nos impiden percibir lo que es correcto; no se aprecian las cosas como un todo, sino desde un punto de vista desviado y egocéntrico.

Entonces, ¿Qué libertades y derechos tiene un niño?

Torna tiempo y energía además de creatividad, formar el carácter de justicia, rectitud y santidad en un niño. Algunos padres no están dispuestos o no pueden concentrar su atención en el trabajo de guiar a sus hijos. Pero los hijos tienen derecho a nuestro tiempo, tanto en cantidad como en calidad. Tienen el derecho a que nos dediquemos a ellos de corazón. Tienen derecho al esfuerzo extremo de ser un buen padre. Tienen derecho a nuestro amor maduro, sin enojo injustificado, resentimiento o impaciencia. Tienen el derecho de esperar que estemos con ellos durante todo el trayecto. El derecho de que los guiemos por la verdad de Dios. Tienen el derecho de ser libres del abuso de nuestras manos.

Cuando se les da una libertad falsa a los hijos y no reciben lo que Dios ha establecido para ellos, se puede esperar que crezcan con una voluntad centrada sólo en ellos mismos, y con un enfoque en complacerse a sí mismos en todo. Este es el resultado de no enseñarlos adecuadamente, y su conducta es una autodefensa en contra del abandono y descuido de los padres, quienes los criaron así, en nombre de una falsa libertad, que no trae felicidad.

7. Debemos ser misericordiosos y nunca ofender a nuestros hijos. La misericordia es una virtud valiosa. Dios está lleno de misericordia y nos la extiende cuando estamos arrepentidos y le buscamos. Pero hay un concepto equivocado de misericordia que falla en pedir cuentas por el pecado. El pecado es encubierto por esta falsa misericordia y nunca es confrontado.

Los niños deben aprender a llamar al pecado; pecado. Este es un grave problema en nuestro mundo actual y se relaciona con un concepto equívoco del amor. Hemos sido erróneamente convencidos (casi nos han lavado el cerebro) de que no actuamos con amor cuando somos estrictos o aplicamos dolor a nuestros hijos para disciplinarlos. Fallamos en darnos cuenta que Dios utiliza el dolor y nos corrige como a hijos amados, moldeados para Su Reino.

Deuteronomio 8:5 dice: «Reconoce asimismo en tu corazón, que como castiga el hombre a su hijo, así Jehová tu Dios te castiga».

Salmo 94:12 dice: «Bienaventurado el hombre a quien tú, jehová, corriges, y en tu ley lo instruyes».

Proverbios 3:11 dice: «No menosprecies, hijo mío, el castigo de jehová, ni te fatigues de su corrección».

Apocalipsis 3:19 dice: «Yo reprendo y castigo a todos los que amo; sé, pues, celoso y arrepiéntete».

Y a que Dios usa esos términos con nosotros, resulta lógico que nosotros usemos los mismos términos con nuestros hijos. ¡Pero cualquiera que usted utilice, hágalo con misericordia! Tener misericordia es ser como Dios. Significa pedirles cuentas a sus hijos, pidiéndoles cuentas por su mala conducta y sus pecados. Esto también es «ser como Dios.» No excuse o defienda ciegamente a un hijo que se mete en problemas; usted no podrá preservar una semilla de justicia y rectitud si falla en la disciplina.

8. Si un niño experimenta suficiente amor, cambiará para bien. Muchos padres se aferran a esta filosofía esperando que la significativa y valiosa virtud del amor produzca de pronto buenos resultados. Esta premisa es humanista en naturaleza y contraria a la Palabra de Dios.

¡El amor es muy importante! El problema no es cuánto se ama a un hijo. No dudo que pueda amar mucho a su hijo, pero si creo que lo puede amar erróneamente. El amor por sí mismo no es suficiente para formar una vida de justicia, santidad y rectitud ni producir un carácter bajo control. Sólo una buena disciplina produce un buen carácter. Sin la disciplina se vuelven egoístas, embusteros y menospreciativos de los adultos.

Los padres que no aman correctamente y no disciplinan a sus hijos, los están poniendo en un gran riesgo e incapacitándolos de por vida. ¿Cómo puede un hijo ser Íntegro cuando la perspectiva de su principal fuente de vida -sus padres- no lo aman lo suficiente para guiarlo y ponerle límites?

9. Los jóvenes tienen las respuestas; así que los adultos deberían hacerse a un lado, y dejar que los jóvenes vivan su vida.

De esta premisa viene el énfasis exagerado en un «look»: vestimenta, accesorios y hasta una supuesta sabiduría juvenil. La corriente hoy, es que cualquier cosa nueva siempre es mejor que la vieja; de ahí que lo viejo es rechazado. Surge la idea de que «todo cambio es bueno». De hecho, la idea de que «el tiempo trae cambio» y «todo cambio es bueno» son las bases de la teoría de la evolución.

Es una gran decepción que hoy en día y a través del tiempo, el hombre esté desarrollando siempre una progresión hacia adelante y hacia arriba. Muchos maestros de historia creen que la historia siempre es progresiva, desarrollándose etapa por etapa a la perfección. Desde este punto de vista, la historia pierde su significado, los eventos del pasado no llegan a ser importantes porque sólo son parte de la «progresión».

La tradición es rechazada, y los adultos no son respetados, escuchados ni buscados para dar consejo. Nada es considerado malo en sí mismo. La violencia se ve como la progresión natural de las cosas. Somos llevados a no inhibir a nuestros hijos o pedirles que se sometan. Esto, por supuesto, no es el punto de vista cristiano. Creemos que hubo un principio y que habrá un fin. Y entre ese principio y fin, hay una «providencia» que es el cuidado protector de Dios. Buscar que el «tiempo» resuelva los problemas, es sólo una filosofía para aquellos que no creen en Dios.

En cuanto a los jóvenes, la «suya» es una posición vulnerable. Tienen tremenda energía, entusiasmo e ímpetu; son propensos a tomar las causas y forzar las cosas para que pasen. Pero también son propensos a fallar. Caen emocionalmente y son definitivamente obstruídos por su falta de experiencia. Son idealistas, queriendo resolver los problemas del mundo sin haber resuelto sus propios problemas.

La batalla aquí es entre el cristianismo y el humanismo. El humanismo busca respuestas a los problemas en una forma humana; respuestas humanas. El cristianismo busca un Dios divino y sobrenatural que responda.

10. Tus posesiones y lo que eres capaz de producir determina tu valor. Los que opinan de esta forma, menosprecian las cosas espirituales, y las devalúan convirtiendo las posesiones materiales en la motivación de su vida. En otras palabras, la ropa que usa, el auto que maneja, el tamaño y la belleza de su casa, y lo que ha logrado, le dice al mundo lo valiosa que es la persona y establece en su mente la autovaloración. Esto es materialismo y nos lleva al orgullo, arrogancia y a una actitud no cristiana de superioridad.

Ciertamente necesitamos ropa que ponernos, hogares confortables en los cuales vivir y un trabajo que valga la pena, pero más allá de eso, necesitamos aprender a dar todo lo que tenemos y lo que somos. Los niños que son criados bajo un buen concepto de dar, no caen tan fácilmente en la carrera del materialismo y en el patrón destructivo de la pérdida de valor que trae la falta de prosperidad material.

CAPÍTULO XI
IDEAS FALSAS QUE DESTRUYEN EL ORDEN EN EL HOGAR

Dios opera mediante el orden y la verdad, y estos principios deben guiarnos en nuestra búsqueda de imitar a Cristo. El orden y verdad deben arraigarse en nuestro hogar. Si seguimos las costumbres y valores del mundo, seguramente perderemos el orden y no actuaremos con un fundamento en la verdad.

Hay una gran batalla hoy en día para reemplazar el orden de autoridad designado por Dios para el hogar. Debemos conocer y entender los falsos conceptos que están emergiendo en esta guerra santa. No son verdaderos, pero nos son presentados como verdades. Considere lo siguiente:

1. Es bueno que la mujer sea libre de la autoridad masculina. Esto comienza en el hogar y es reforzado por la sociedad. Uno de los mejores regalos que podemos darle a nuestros hijos es enseñarles a respetar la autoridad, especialmente la autoridad de su padre. Esto debe ser ejemplificado primeramente por la madre.

Si no se muestra respeto al padre y esposo, y hay amargura contra los hombres, las .semillas de insurrección y caos serán pasadas de generación en generación. Las hijas no serán capaces de establecer hogares sanos. Los hijos no podrán sentir ningún orgullo en su hombría, ni funcionarán como cabezas de hogar.

Las mujeres amargadas criarán hijas amargadas, porque «los hijos aprenden lo que viven». Mujeres dominantes y testarudas, llenas de heridas y rechazo, no formarán la justicia en sus hijos. Cuando una mujer falla en aceptar el liderazgo y la autoridad, opera a menudo en un espíritu de orgullo, control y hechicería. Un sentido pervertido de satisfacción y superioridad las impulsa a mantener el control del poder.

Uno de los problemas más grandes es el mal uso del poder en el área del sexo. Muchos hombres están atados a la lujuria y hay mujeres que encienden ese fuego con seducciones sexuales. Las mujeres se quejan amargamente del abuso sexual, pero continúan vistiéndose provocativamente. El sexo se ha convertido en el fundamento de la sociedad del siglo XX, y en la fuerza que controla mucha de nuestra cultura.

Al uso del sexo para manipular se le llama embrujo. Si usted se fija en los valores del mundo, verá que sus raíces principales están en la brujería y tiene que ver con chicas o mujeres fascinantes que manipulan a través de su belleza y encantamientos. 1 Pedro 3:2-5 aconseja a las mujeres cómo deben vestirse.

2. *Hay un ataque en contra de la posición del hombre.* Este ataque impide que los niños varones crezcan con un sano entendimiento de lo que Dios acepta como la posición de un hombre en el mundo.

El problema en los Estados Unidos, es grave. John Leo, quien escribe acerca de problemas sociales para una revista *(U.S.*

News and World Report), dijo el 11 de mayo de 1998 a este respecto: «El peor impacto del ataque masculino lo reciben los jóvenes». Bárbara Wilder Smith una maestra e investigadora en el área de Boston, fue recientemente citada en varios periódicos, respecto a qué tan profundo habían afectado las actitudes antimasculinas en las escuelas. Cuando ella hizo unas playeras con el mensaje «los chicos son buenos», para su salón, las diez maestras bajo su supervisión tuvieron objeción sobre el mensaje (una de las maestras estaba usando un prendedor que decía: «tantos hombres y tan poca inteligencia»). Bárbara añadió: «Mi hijo no puede ni siquiera usar la playera en el patio de la casa» dijo, «la gente la ve y comienza a quejarse y a gritar cosas».

Estos comentarios nos ayudan a entender el efecto del feminismo y la actitud que la sociedad ha tomado de las mujeres contra los hombres, especialmente en el caso de la juventud. Tolerar a un hombre para el propósito de usarlo como padre de nuestros hijos o proveedor de nuestras necesidades materiales, es decididamente no cristiano. Dios espera que las mujeres respeten a los hombres de su vida. El padre es importante; provee un ejemplo de masculinidad en la vida de los hijos varones y le da identidad a ambos, hijos e hijas.

Desafortunadamente, la ausencia del padre es lo que provoca la crisis de nuestros días. Las madres que tienen que educar solas a sus hijos, producen hombres dependientes de las mujeres o confundidos en cuanto a su identidad masculina. Tarde o temprano necesitarán el patrón masculino. Un alto porcentaje de problemas de homosexualidad pueden tener su origen en esta falla. He notado que a medida que el feminismo ha tomado más y más control en nuestra sociedad, este problema se ha incrementado.

Es una realidad que los hombres algunas veces tienen una actitud dominante y hasta abusiva hacia las mujeres. No es fácil ejercer autoridad con humildad. Algunos hombres inclusive ni lo han intentado, y esto ha causado que muchas mujeres se rebelen. El hombre que procede con un excesivo dominio de superioridad masculina, no está demostrando el carácter cristiano. Tal conducta es contraria a la instrucción bíblica concerniente a cómo los cristianos deben actuar hacia otros. Estudie en Gálatas 5:22 lo que el Espíritu Santo produce como un ejemplo de carácter cristiano.

Dios no procede arrogantemente hacia nosotros y tampoco los esposos y padres deben hacerlo hacia las esposas y los hijos. Dios siempre juzga la arrogancia y juzgará al hombre que ciega e injustamente use esta clase de autoridad pervertida. La autoridad debe darse en amor y preocupación por la otra persona, en función de la autoridad de Dios basada en Su amor por nosotros.

3. La mayor área de caos en el hogar hoy en día viene de niños quienes han sido criados creyendo que ellos son el centro del universo y que cada cosa y cada persona existe para ellos, y gira en torno a ellos. Estos niños básicamente toman a sus padres como rehénes y la anarquía gobierna sus vidas y las vidas de aquellos que están a su alrededor. Con nuestras acciones provocamos que los niños pequeños crean esto y crezcan pensando que ellos son el centro del universo.

Probablemente nosotros somos la primera generación de padres que estamos asustados de nuestros propios hijos. Nos da temor actuar en contra del pensamiento popular de hoy en día. Nos da miedo disciplinarlos, y hasta algunas veces, tenemos temor de cómo van a reaccionar físicamente en contra nuestra. Nos atemoriza pensar que no nos tomen en cuenta, o que no nos consideren como amigos. La amistad es buena, pero es más importante ser un buen padre.

Algunos padres deben dormir con las puertas de sus recámaras cerradas con llave porque saben que están albergando un hijo violento, lleno de enojo, odio y venganza. En los Estados Unidos, se da el caso de que algunos niños adoptados se sienten tan dañados, abandonados y rechazados, que reaccionan con una total frustración y violencia en contra de otros y de ellos mismos. Esto es conocido como el síndrome de desorden emocional. Se trata de niños trastornados que albergan odio en su interior, por lo que están constantemente en peligro de dañarse a sí mismos, y a otros. Estos niños ciertamente son víctimas, pero se vuelven depredadores a causa del sentimiento de abandono que se arraiga en ellos por la idea que se les implanta de que son el centro de su existencia.

Muchos niños son formados en incubadora. Es decir que realmente nadie se preocupa por sus necesidades, por lo que el control con algunos de estos niños se pierde desde muy temprana edad.

4. Niños a quienes se les enseña que sus «derechos» son absolutos, a lo largo de su vida llegan a ser totalmente centrados en sí mismos, actuando de manera egoísta. Enseñe a sus hijos la virtud de la justicia en vez de sus derechos egocéntricos. Dios es justo; así que cuando enseñamos a nuestros hijos que la justicia es una virtud, les es más fácil entender porqué nuestros «derechos» deben ser atenuados para preocuparnos por el bienestar de otros. Enseñemos a nuestros hijos a vivir en justicia.

Sofonías 3:5 dice: «Jehová en medio de ella (la ciudad) es justo, no hará iniquidad; de mañana sacará a luz su juicio, nunca faltará». No debemos fallarles a nuestros hijos.

5. La igualdad sin importar el costo o cualquier causa, se ha convertido en meta para la sociedad, el hogar y la Iglesia. (En los Estados Unidos tiene un énfasis pronunciado, debido a la problemática racial. Nota del editor). Es necesario reconocer que el morir al yo y a nuestras ambiciones egoístas, es un compromiso para aquellos que heredaremos el reino de Dios. No podemos enseñar principios bíblicos y hacer una cruzada de igualdad de derechos como la norma de nuestros hogares.

Hay una medida de igualdad en el Evangelio que dice que «cualquiera puede acercarse» a la cruz de la salvación. Pero la igualdad no es un principio bíblico. Esto puede ser una declaración difícil de entender para usted, pero si observa y estudia la Biblia con atención, se dará cuenta que es verdad.

Si la igualdad hubiera sido una preocupación para Jesús, hubiera hecho una cruzada de liberación para los esclavos. En lugar de esto, Él les enseñó cómo vivir como esclavos. Jesús no consideró al siervo igual que su amo. No estoy diciendo que haya aprobado la esclavitud, sólo estoy diciendo que Él no hizo del problema de la igualdad, como era la preocupación de esos días, su enfoque principal.

Enseñe a los niños que las recompensas espirituales que se obtienen al dar, nos hacen sentir bien y nos ayudan a desarrollar un buen carácter.

6. La tolerancia es un concepto que el mundo propaga diariamente. La televisión es el principal impulsor de esta tendencia y parece aplicarse a todo, excepto al cristianismo. El mundo no tiene tolerancia para los cristianos ni para sus principios. Los cristianos somos señalados y sujetos a burlas cuando defendemos lo que creemos.

La tolerancia es permitir que los niños se desarrollen como les de la gana y pretende que nosotros, como sociedad aceptemos todo, haciéndonos creer que admitiéndolo, somos de mente abierta, criterio amplio, permisivos e indulgentes. Nos dice que perdonemos todo, que seamos apáticos y bonachones y que nos hagamos de la «vista gorda». Un sólo vistazo a lo que el mundo etiqueta como tolerancia, es suficiente para convencernos de que no es un concepto bíblico y que por lo tanto, la tolerancia no debería adoptarse como norma en la educación de los hijos. La firmeza es la cualidad de un buen padre. Cuando Dios dice, «no deberías hacerlo», quiere decir, «no lo hagas».

7. La mentalidad de víctima ha distorcionado nuestro sentido de justicia, ocasionando un caos y destruyendo el orden en el hogar. Algunos verdaderamente son víctimas, especialmente aquellos niños inocentes y vulnerables que son intimidados con abusos. Hasta los bebés en la matriz pueden ser victimizados. Algunas veces sólo la oración y el ayuno pueden sanar a estas pequeñas víctimas, o la intervención de un especialista en estos casos que ha sido ungido con el ministerio de liberación.

Sin embargo, el diablo puede construir fortalezas en sus hijos cuando se les permite que alberguen la mentalidad de conmiseración o «pobre de mí». No permita que sus hijos se vean a sí mismos de esta forma, o que tomen esa actitud en la vida.

Hay un sentido de compasión por 1 víctimas en nuestra sociedad. El problemas es que muchas personas han llevado esto demasiado lejos y han tomado el papel de víctima para evadir la responsabilidad por sus actos, echando la culpa por sus faltas a otros, o a las circunstancias. El sentimiento de compasión está siempre en orden. Es un atributo de Dios, pero debe manejarse con sentido común.

Si es una víctima de usted mismo, no permita que sus heridas afecten el pensamiento de sus hijos. Como padre, no caiga en la autoconmiseración, en el menosprecio de si mismo y en las malas actitudes. Tenga la seguridad que sus hijos tomarán esas cosas y las arrastrarán el resto de sus vidas. Ponga el ejemplo a sus hijos procediendo como una persona cuya vida ha sido redimida por Cristo. Sea alentador, optimista y positivo. Las actitudes negativas refuerzan la mentalidad de víctima.

Deje de echarle la culpa a su pasado y de ir de persona en persona, ministro tras ministro, contándoles la historia de su vida. Vaya con Dios por ayuda, porque nuestro socorro proviene del Dios que hizo los cielos y la tierra. Los problemas de usted no son difíciles para Él. Permita que Dios lo sane. Jesús vino a dar libertad a los cautivos y a sanar todo lo negativo que ha moldeado su vida y carácter. La intervención divina es tan real y asombrosa como la sanidad física de un cáncer. Jesús siempre es la respuesta.

8. El espíritu de independencia que se ha filtrado en nuestra sociedad destruye el orden y la unidad de *la* familia. Enseñe a sus hijos a ser capaces y a prepararse para la vida, pero no a ser independientes en las áreas en las que es necesario asociarse con otras personas. Todos necesitamos de los demás. Dios creó esta necesidad en nosotros para librarnos del aislamiento y la soledad en la vida.

En la mayoría de los casos, las personas que han decidido hacer a un lado a los demás y que son completamente autosuficientes, no son felices. Este ha llegado a ser un problema serio entre la juventud norteamericana. El aislamiento les ha causado problemas de comunicación. No es una manera recomendable de vivir la vida.

El cristianismo al igual que el judaísmo son formas de vida comunitarias. Esto significa vivir en función del bien de toda la comunidad y del individuo. Busca el beneficio de los demás. Esto requiere de una vida servicial y sacrificada. A propósito, la idolatría es amar algo más que a Jesucristo. El individualismo implica amarse demasiado a uno mismo y se manifiesta con un espíritu independiente.

Los hombres que sienten que tienen el derecho de hacer lo que quieren, que piensan primero en ellos y después en ellos, tienen un concepto erróneo del matrimonio que les puede conducir al fracaso al no procurar la unidad en el hogar. El hogar exitoso debe girar en torno a la unidad y solidaridad.

Las mujeres que han declarado su independencia le roban al hogar la oportunidad de mantenerse sólido y fuerte. Conducen a su familia lejos del espíritu del cristianismo que es de fortaleza y unidad, al espíritu de la idolatría, que es la independencia y apatía hacia los demás. Esto significa que se aman más a sí mismas de lo que aman la unidad y el bienestar que Dios estableció para el hogar. La independencia con frecuencia guía a la idolatría, y termina amándose más a uno mismo, que a los seres a los que debería proteger y por quienes debería velar.

Los niños que son criados bajo un espíritu independiente tienen pocas probabilidades de ser semillas de justicia. Desarrollan los mismos caminos egocéntricos de sus padres.

9. Una mentalidad de entretenimiento se ha apoderado de nuestros hogares. Esto no es nuevo para la mayoría de los cristianos. Es la razón detrás de la que se esconde mucha de la pasividad de los padres y la falta de disposición de los hijos de estar en paz. La mayoría de los niños que vemos a nuestro alrededor son muy inquietos, por lo que los padres sienten que están obligados a proporcionarle a sus hijos entretenimien-to a lo largo del día.

Un niño no debe ser alentado a crear un mundo propio, separado y aparte de la familia. A través de los amigos, la tele-visión, video juegos, computadoras y juegos de computadoras, los niños tienen la facilidad de escapar a un mundo aparte. Para madurar, un niño necesita aprender a comunicarse y a relacionarse con los demás.

Los niños que son aislados a causa de las computadoras o la televisión, corren el riesgo de volverse fríos emocionalmente, solitarios y podrían perder el sentido de la realidad y estar «desconectados». Estos problemas abren la puerta a las drogas, y con las drogas viene la necesidad de espacio propio, de escapismo, y algunas veces lo introduce prematuramente al mundo de los adultos, muy lejos de lo que un niño debería saber.

Los juegos de video y de computadora son tan rápidos que muy a menudo crean tensión en un niño, y esto hace que se le dificulte relajarse y acoplarse a la vida normal. En la vida de un niño debe haber tiempo para la creatividad, la contempla-ción, los sueños, y la reflexión sobre el profundo significado de la vida y la relación personal con Dios.

Los padres que son sabios controlan el uso de la computa-dora y la televisión. Sugiero que se instale en una habitación con acceso a todos (no en la recámara de los niños) y que se señalen horarios de uso limitado para cada miembro de la fa-milia. Los niños que aprenden disciplina y límites en el hogar, serán capaces de establecerse límites reales y disciplinarse a sí IDlSmos.

Esta es probablemente la primera vez en la historia que el hombre ha estado desconectado de la realidad. Las grandes ciu-dades ayudan a crear esta fantasía, y nuestra «apresurada» cul-tura lleva a los individuos al aislamiento, pánico y hasta la ira. Sin el contacto diario con las maravillas de la creación de Dios, nos desconectamos de la vida. Muchos niños citadinos viven encerrados en departamentos y nunca han visto un amanecer
o un atardecer. Nunca han escuchado el canto de los pájaros, y a menudo no han tenido la oportunidad de experimentar el milagro de un nacimiento, ni siquiera de un gatito.

De todo esto, los hijos adquieren una imagen totalmente distorsionada de la vida y de los valores eternos de Dios. Un refrán que ojalá llegue al fondo de su alma y lo ponga en prác-tica, dice: «No permita en su hogar lo que no quiera que sus hijos amen». Satanás aprovechará cualquier rendija por la que pueda filtrarse, para destruir a sus hijos.

Espero que estos pensamientos le ayuden a entender por-que los hogares se encuentran en un caos hoy en día, y porque nuestros hijos están en grave peligro. Por los muchos años de experiencia que tengo, le puedo decir que las cosas no siempre han sido de la forma que son ahora. Los padres están luchando con problemas que ni se hubieran soñado cuando usted era niño. ¡Pero existe el mismo Dios! El está lleno de sabiduría y compasión por aquellos que le aman y buscan Su ayuda.

CAPÍTULO XII

SUICIDIO Y VIOLENCIA EN LOS ADOLESCENTES

En los Estados Unidos, el suicidio entre la gente joven casi se ha triplicado desde los años 50's. Se ha vuelto la tercera causa de muerte entre los adolescentes, precedida por los acci-dentes y los homicidios. Estas estadísticas son un mensaje des-esperado. La mayoría de los niños y adolescentes realmente no querían morir. Algunos, sin duda, ni siquiera entendían el significado de la muerte. Niños y adolescentes que intentan suicidarse enfrentan tanto dolor emocional que son incapaces de soportarlo.

El más alto número de suicidios ocurre durante los meses de verano y no en diciembre como comúnmente se piensa. En años recientes, en las escuelas de los Estados Unidos ha surgi-do un grupo creciente que intenta imitar a los suicidas. Aun-que esta tendencia no es hereditaria, hay mayor riesgo en las familias y escuelas donde alguien ha cometido suicidio.

Aproximadamente de 750 mil a un millón de personas, aten-tan contra sus vidas cada año en Estados Unidos. Cerca de 40 mil lo logran. No se trata solamente de adultos o adolescentes; niños de 3 a 11 años están incluidos en estas estadísticas.

Suicidio

¿Qué elementos en la vida de un niño pueden llevarlo al suicidio?

1. Depresión por la pérdida del padre o la madre a causa del divorcio o la muerte, puede producir una sensación de abandono y desesperanza.

2. Pleitos entre los padres y una inestabilidad general en la casa pueden acarrear severos daños emocionales.

3. El rompimiento de la comunicación puede crear un vacío y sensación de soledad.

4. Exigir ciertos logros a un hijo puede hacerlo sentirse desesperanzado. Esto puede incluir expectativas académicas respecto a sus calificaciones o la demanda de perfeccionismo tanto del padre como de la madre. Esto es tan perjudicial que puede provocar que sean incapaces de aceptar cualquier error o falla en sí mismos.

5. Conflicto entre lo que los padres enseñan y esperan de un hijo, y la presión de sus compañeros que lo empuja en dirección contraria, lo que lo lleva a la desesperación.

6. La incongruencia de los padres entre lo que creen y lo que practican, puede crearles un conflicto interno.

7. La sensación de que han decepcionado a aquellos que aman, puede causarles una culpa y dolor que no son capaces de sobrelle-var.

La adicción a las drogas y el temor a ser sorprendidos puede causar un sentimiento de desesperanza. Algunos no pueden so-portar el hecho de que pueden fallarle a la gente que aman y a sí mismos.

9. El rechazo amoroso es una de las causas más comunes del suicidio entre los adolescentes.

10. El rechazo de los compañeros es la segunda causa de suici-dio entre adolescentes.

11. La depresión proveniente de problemas físicos o enferme-dades hereditarias puede volverse abrumadora.

12. Jóvenes sensibles pueden ser totalmente devastados por la crisis, la injusticia, el dolor y el sufrimiento en el mundo. En algunos casos, esta es la razón detrás de la anorexia (inapetencia) y la bulimia (hambre excesiva).

13. Una búsqueda infructuosa de amor verdadero puede propiciar el sentimiento de desesperanza. Algunas personas nacen con el sentimiento de rechazo y abandono; son incapaces de creer que alguien pueda amarlos.

14. El abuso del alcohol y las drogas pueden provocar la pérdi-da de la razón y el sentido, ocasionando accidentes o suicidios deliberados.

15. Fantasías pervertidas pueden causar un rompimiento con la realidad. Los niños cuya vida está envuelta o centrada en la televisión, los video juegos y juegos de computadora pueden desarrollar un sentido pervertido de la realidad. No pueden distinguir lo que es importante y real, de lo que es una fanta-sía. El origen de estas fantasías es absorbido en las películas, televisión, juegos del ocultismo como «Calabozos y Dragones», violencia, muerte, terror, y cualquier cosa que nos aleje de la realidad de Dios. El exponer a los hijos a estas influen-cias, puede abrir una puerta a Satanás para entrar y destruir la vida de nuestros hijos.

16. *La música rock con mensajes como «No temas a la Parca».*

(Parca, mitología: diosa de los infiernos que hilaba el hilo de la vida de los hombres) *y letras glorificando a la muerte y al dolor, pueden penetrar en el subconsciente con mensajes de suicidio.* El ritmo de rock agita el sistema nervioso. El ritmo destruye el control y las inhibiciones llevando a los adolescentes a come-ter actos en contra de sus normas de rectitud.

Guarde los corazones, los oídos y el espíritu de sus hijos. Asegúrese que están haciendo cosas que los edifican y no que los destruyen. Vuelvo a repetir: «No permita en su hogar lo que no quiera que sus hijos amen».

Violencia

La violencia provocada por niños agresivos se ha incrementado. Es el resultado de no suplir adecuadamente las necesidades básicas de un niño. Ser rechazado, abandonado, despreciado y señalado con burla puede causar que la violen-cia entre en su corazón. El rechazo de sus compañeros le pue-de hacer sentirse inferior y querer destruir la imagen de sí mis-mos e inducirlos a un enojo profundo y un sentimiento de baja estima. Probablemente no se trate de una actitud enfer-miza, pero puede conducir a actos irracionales.

Los niños que son acosados y atormentados por otros con faltas de respeto a su persona, o que son objeto de burla por sus características peculiares, se vuelven sumamente hostiles. A los que usan lentes o se ven diferentes, se les cuelgan apodos 20 muy crueles. Una persona tratada de esta manera podría to-mar una pistola para amedrentar o para vengarse. Algunas ve-ces han disparado o apuñalado a sus padres aunque su inten-ción no ha sido matarlos.

Hay niños que se sienten fuera de lugar y que son despre-ciados. No son atletas, estrellas o líderes del grupo, sino niños que están fuera de lo normal, infelices, buscando su lugar y sufriendo el ridículo, llenos de ira, egoísmo, y en búsqueda de retos; son niños que matarían a sus padres y a otros.

Un periódico llamado *U.S. New and World Report,* el 1 de junio de 1998 llamó «una mala semilla» a un niño de Springfield, Oregon, que intentó cometer un asesinato. Provenía de lo que se podría llamar un hogar normal en el que los padres estaban involucrados en la vida del niño. Ciertamente él no era una semilla de justicia. Algo había fallado.

Niños transtornados

¿Qué factores contribuyen a producir un niño transtornado?

1. Millones de infantes crecen sin tener un verdadero entendimiento del amor. Un niño no puede desarollarse sanamente sin experimentar el amor. Esto es lo más importante si quiere que sean sanos. Aprenda a expresarles amor y a abrazarlos. Los bebés no son los únicos que necesitan apapachos.

2. Mientras más sensible es el niño, mayores serán sus necesidades y más severos los problemas. La sensibilidad puede ser una gran bendición, pero, do   se le permite alojarse en el ego-centrismo, puede ser muy destructiva.

3. Algo terrible nos revelan las estadísticas, está aconteciéndole a nuestra sociedad, cuando vemos que uno de los grupos de suici-das lo forman los niños de entre 5 y 11 años. Niños cada vez más pequeños, deliberadamente se están causando daño.

4. Muchos niños son malcriados y están determinados a hacer lo que les place sin importar lo que les duela a aquellos que los aman. No han aprendido a valorar a los demás ni han sido enseñados a respetar y servir a otros. Debemos sacarlos de ese enfoque centrado en ellos, para que se preocupen por aquellos que los rodean.

5. Las drogas son un mal del mundo actual. La heroína especialmente es una adicción terrible y la causa de suicidios tanto deliberados como accidentales entre los adolescentes. La heroína había pasado de moda pero está regresando.

Los jóvenes se meten con drogas por diversas razones. Algunos lo hacen por diversión, otros para identificarse con un grupo y ser aceptados, y algunos para escapar de sus proble-mas. Cualquiera que sea la causa, son pocos los que están pre-parados para lo que les espera como adictos. Los niños en esta condición son delirantes e irracionales. Las drogas los hacen incapaces de ver la verdad, de honrar o incluso respetar a sus padres.

Es recomendable enfatizar fuertemente el amor a estos ni-ños. En casos severos, algunos recomiendan correr de la casa al hijo y no permitirle volver, e incluso no contestar el teléfo-no. Yo creo que en algunos casos las manifestaciones de amor intenso funcionan, pero no creo que sea una solución que cu-bra todos los casos. Algunos que han optado por este método, dicen que no es una buena solución y ofrece muy poca tran-quilidad para los padres que están pasando por la adicción de un hijo.

Cada caso debe tratarse en particular. Es fácil vivir negan-do el problema. Es una forma de no querer enfrentarlo ni ad-mitir que se tiene. Reaccione y admita la situación. Rehusarse a enfrentar el problema no da lugar a una solución. Busque en su habitación, sepa lo que hay ahí. Ya puedo escuchar a algu-nos de ustedes gritando: «¡Qué invasión a la privacidad!».

La verdad es que la privacidad para los adolescentes bajo cualquier circunstancia no es amor. Un hijo que trae drogas y basura de ese tipo a su hogar, está fuera de control y ha perdi-do su derecho a la privacidad y no está exento de búsquedas o indagaciones por parte de sus padres. El o ella están abusando de la santidad del hogar.

¡Recuerde que su hijo no está a cargo! ¡Usted sí lo está! Es a usted a quien se le ha encomendado la formación de la santi-dad, justicia y rectitud en sus hijos. Para que la atmósfera de su hogar sea de justicia, debe establecer un orden desde tem-prana edad, en los años formativos de sus hijos.

Queme su pornografía; no la tire donde alguien más la pue-da encontrar. Entiendo que algunas revistas son difíciles de quemar por el papel en el que están impresas, pero le animo a que la destruya de cualquier manera. Tire su droga en el baño y jale la cadena y deshágase de la mala música. Haga todo esto en forma madura, no como un padre esquizofrénico y enoja-do. Sus hijos deben saber que los ama demasiado como para permitirles que se destruyan dentro de su hogar.

No lo excuse, defienda, ni lo sobreproteja si es culpable. Si usted descubre que su hijo usa drogas, no lo presione a salirse del hogar a menos que haya agotado todos los recursos para salvarlo de la situación. Y asegúrese de que su hijo tiene un lugar seguro a donde ir. Si usted no puede soportar más o la situación está destruyendo su hogar y a los otros hijos, entonces debe tomar la decisión de actuar.

Ore y sea sabio. Esta es una decisión importante. Cuando su hijo deja el hogar sin tener un buen lugar a donde ir, él o ella están a merced de las armas de Satanás. A menos que usted cubra a su hijo en oración, Satanás se puede aprovechar de la situación. Usted podría estar entregando a su hijo al diablo y perdería la oportunidad de brindarle apoyo para su futuro.

Mientras usted tenga la oportunidad, esfuércese por establecer una atmósfera de comunicación. Hable con sus hijos no a sus hijos. Construya un fundamento basado en la verdad y continúe conversando con ellos a medida que crecen. Ellos deben saber que se preocupa por ellos, y no por la reputación de usted o por su dolor. Necesitan aprender a vivir en la luz. Usted debe saber cómo se encuentran espiritualmente y anímelos a expresar lo más secreto y escondido de su vida.

Nunca haga amenazas con las que no quiera cargar. Muchos padres, especialmente las madres, hacen todo tipo de amenazas descabelladas, las cuales no tienen ninguna intención de cumplir. Esto causará que sus hijos le pierdan el respeto como padre. ¡Cuide su lengua! Cierre su boca a cualquier palabra negativa y ore. Dios puede hacer lo que usted no puede. Párese en la brecha y ayune. El ayuno es una herramienta efectiva. No tenga pánico ni actúe como si no hubiera Dios. Dios permanece en Su trono. Siempre hay esperanza, no importa que tan mal se vean las cosas. Donde hay vida hay esperanza. Nosotros subestimamos mucho a Dios. Nada es imposible si ponemos nuestra fe en Dios y caminamos ante El en humildad y rectitud.

6 La causa número uno de defunción en los adolescentes nor-

teamericanos es por manejar borrachos, y esto incluye a los chicos cristianos. Las bebidas, drogas, y el sexo son la «furia» de la moda de los adolescentes. Cualquiera de los tres puede matarlos. Los tres son síntomas de necesidades profundas, presión de los amigos, y una falta de entendimiento y preocupación por las leyes de Dios y de la sociedad.

Los niños se vuelven a las drogas, el alcohol y el cigarro como una reacción exagerada para esconder dolor emocional, espiritual o físico. Algunos solo se involucran para estar a la moda o para encontrar satisfacción o amor que creen provenir de estas cosas.

La presión negativa de los amigos es como la historia de la cubeta de cangrejos. No hay necesidad de colocar una tapa en la cubeta porque si alguno de los cangrejos intenta salir, los otros lo agarran y lo vuelven a meter. Es un buen ejemplo de la presión negativa de los amigos.

7. La depresión entre los adolescentes es común. Mientras estaba escribiendo este capítulo, mi esposo regresó de un viaje ministerial en Islandia. Se enteró de que Islandia es el país que ocupa el primer lugar en suicidios de adolescentes. El motivo principal parece ser el aislamiento.

La industria más grande en Islandia es la pesca. El 70% del ingreso proviene de esta actividad. Muchos de los hombres pasan en el mar de 30 a 35 días y regresan a casa exhaustos, luego de jornadas de 12 horas. Una semana después regresan otra vez al mar. Las mujeres enfrentan solas la carga del hogar, y los hijos ven muy poco a sus padres. La depresión se extiende en todo el país.

8. Los niños que desarrollan anorexia y bulimia son usual-

mente muy inteligentes y muy sensibles. La injusticia, dolor y violencia en el mundo recáe en los anoréxicos. Estos niños se caracterizan por una falta de apetito o por patrones de alimentación erróneos que controlan su vida. Por lo regular, el dolor profundo y el rechazo son las raíces de este problema. La imagen que tienen de sí mismos está severamente distorsionada por el delirio de que están pasados de peso. La depresión, ansiedad y aislamiento los abruma.

9. El autismo afecta algunos niños. Muchos jóvenes afligidos con autismo son casi genios. Un amigo con doctorado en esta área cree, como yo, que el dolor experimentado dentro de la matriz o a temprana edad puede causar que partes de la personalidad de estos niños se apague, haciéndolos incapaces de tolerar o soportar la fealdad y el dolor del mundo real. Dos características de estos niños son, una total absorción en ellos mismos, y una reducida habilidad para responder o comunicarse con el mundo exterior.

10. Lastimarse a sí mismos y mutilarse van en aumento. Este horror es debido al dolor interior o autoaversión. Es una salida destructiva y pervertida al dolor emocional. La intención de estos niños es lastimarse para llamar la atención o controlar a los demás. Usan cuchillos, navajas, ácidos, seguritos, planchas, limpiadores y cualquier cosa que cause dolor. Se vuelve una adicción, aunque muy pocas veces es seguida por el suicidio.

11. Los desórdenes emocionales son otra forma de crisis que enfrentan los niños hoy en día. Al menos un 30% de todos los niños adoptados son atormentados con este problema. Estos son niños que nunca han conocido el amor y ven el mundo como un campo de batalla.

Obviamente no sólo los niños adoptados pueden sufrir este síndrome. Llenos de enojo y sin lazos afectivos, se tornan violentos y negativos al punto de que pueden destruir un hogar. Muchos de ellos fueron abusados sexual, física y emocionalmene, lo que hace que nunca se recuperen. Mi esposo y yo hemos atendido muchos de estos casos. Tienen el corazón destrozado lo que los imposibilita para enfrentar la vida.

La autoestima o aprecio por el valor de uno mismo está formada por dos partes: Confianza en uno mismo que es el sentido de ser competente para funcionar y producir en la vida, y el respeto por uno mismo que es el saber que uno vale y que tiene dignidad. Estos niños han sido arrancados de estos dos importantes elementos, y el centro de su ser ha sido destruido.

Conocemos el caso de una familia que adoptó a una niña europea que sufre desórdenes emocionales. Cuando la conocieron, siendo todavía muy pequeña, se acurrucaba en una esquina en posición fetal diciendo, «no tengo hogar, nadie me quiere.» Ahora, a los doce años, a pesar de un hogar lleno de amor y padres que se esfuerzan por llenar sus necesidades, es una niña muy difícil. La amargura persiste y produce rebeldía, engaño y olvido del cariño de sus padres. Parece no tener conciencia. Es un caso triste, pero como nada es imposible para el Señor, sus padres continúan orando.

¿Qué hay que hacer?

Fácil es encogerse de hombros y relajarse. Pero debemos recordar que los padres tenemos una responsabilidad. Significa que probablemente perdamos horas de sueño, pero no debemos cruzarnos de brazos ni actuar con indiferencia hacia nuestros hijos porque nos estén haciendo la vida difícil. ¿Qué podemos hacer? Podemos hacer frente a los hechos reconociendo la verdad, rechazando el pesimismo, corrigiendo el rumbo, evaluando nuestra posición, haciendo a un lado las excusas y actuando con coraje.

No es un camino fácil. Costará, pero el costo es mayor si no lo hacemos. Es mejor sufrir habiendo actuado con justicia, que sufrir los resultados eternos de dejar a su hijo fuera del reino de Dios, por escabullirse y no querer tomar su responsabilidad de padre. ¡Rehuse tomar el camino fácil!

¿Pueden los niños de familias cristianas perderse? Sí, por supuesto. Sabemos que tienen la opción. Niños con disfunciones pueden provenir de familias que creen en la Biblia, y de hogares donde se reunen los cristianos y donde las mamás están en casa con los niños. Esto no es lo que quisiéramos, pero llega a suceder.

¿Qué puede usted hacer para prevenir que estas cosas sucedan en su familia? Quiero nuevamente enfatizar algunas cosas importantes. Nosotros como padres podemos ayudar a nuestros hijos a pasar de los años de su adolescencia a la madurez sin «caerse ni quemarse».

1. Nuestros hijos necesitan nuestras oraciones. Lo mejor y más importante que un padre y una madre pueden hacer, es venir unidos, en oración, intercediendo por sus hijos. Una pareja que camina delante el Señor en justicia, siguiendo los preceptos divinos contenidos en las Sagradas Escrituras puede ser un tremendo impacto para sus hijos. A la luz de la eternidad, este es un factor decisivo en la vida de nuestros hijos. Sin esto, la formación de la semilla de justicia divina es muy difícil. ¿Está usted modelando la semilla de justicia, santidad y rectitud o sólo está proveyendo un techo para la cabeza de su hijo y dejando que crezca a su manera?

Muchos niños en la actualidad ni siquiera saben quien es Dios. Piensan que son libres de hacer sus propias reglas y vivir en ellas. Si ellos tienen algún concepto de Dios, tratan de manejar a Dios para cumplir sus propios planes. Es irónico escuchar personas en la televisión mencionando a Dios, cuando es bien sabido que viven en pecado. No se asombre que nuestros hijos estén confundidos. Ellos necesitan saber que las reglas en las cuales vivimos pueden darnos paz y gozo o caos y destrucción.

2. *Nuestros hijos necesitan un Salvador.* Ellos necesitan reconocer a Dios como su Padre y a Jesucristo como el que viene y quiere tomar sus pecados, sus aflicciones y sus inseguridades, y que quiere sanar nuestra pobre imagen, restaurarla, y curarnos de nuestras enfermedades. Pero sus hijos no lograrán reconocer que necesitan invitar a Cristo como Salvador y Señor de sus vidas, a menos que lo hayan visto primero en usted.

3. *Nuestros hijos necesitan ser tocados.* No puedo expresarle qué tremendamente importante es esto para niños y adultos. Muchas personas nunca han sido abrazadas por alguien, ni aún por sus mamás. Carentes de habilidad para relacionarse con los demás, se sienten solos y se vuelven vulnerables al diablo.

Nuestro hijo mayor alrededor de los catorce años se estaba amargando. Nadie le mostraba mucho amor porque él simplemente lo rechazaba. Finalmente el Señor me mostró el problema y yo empecé una campaña agresiva de amar a mi hijo. Prácticamente luchaba con él en el suelo para besarlo una y otra vez. Hice esto cada día por un buen tiempo hasta que al fin comenzó a entrar en la cocina buscando sus abrazos y besos. Se ha convertido en un hombre amoroso, y en su vocación y ministerio como pastor, ama a sus ovejas.

Analice cómo tocar cuidadosamente a otros con pureza. Hay formas inapropiadas de tocar a alguien, pero nuestra sociedad está sufriendo porque estamos temerosos de tocar a otros con toda pureza de corazón.

Los padres que alejan a sus hijos de ellos, les gritonean y verbalmente abusan de ellos, no deben sorprenderse si sus hijos los rechazan. Los niños por causa de sus necesidades, perdonarán mucho, pero hay un punto más allá en el que se amargarán y no perdonarán más. Usted y ellos saben dónde está ese punto. Disciplínelos con amor, verdadero amor, pero también perdón automático.

Ministrando al lado de mi esposo, a menudo les doy un fuerte abrazo a mujeres que aparentemente tienen una resistencia a ser abrazadas. Algunas veces ellas-me dicen, «no recuerdo a mi mamá o mi papá abrazándome». Por lo regular no quieren que las suelte. Hay una gran necesidad en la gente, jóvenes y viejos, del toque de otros seres humanos.

La esperanza de que muchos niños se recuperen de estos problemas es grande. Es difícil afirmar qué niño encontrará la salida y cual presentará trastornos.

4. Nuestros hijos necesitan colaborar constantemente sin esperar una recompensa. En ocasiones necesitan ser recompensados por un trabajo bien hecho, pero también es importante que sepan realizar un trabajo en beneficio de la comunidad, así como dentro de una congregación cristiana, porque es un servicio que se hace para Dios. Niños a los que sólo se les da y no aprenden la importancia del trabajo, demandan todo y dan muy poco de sí mismos. Los padres tenemos mucha culpa en esto. Los niños a quienes se les ha dado demasiado, a menudo hacen sentir inferiores a otros niños.

5. Nuestros hijos aprenden a comunicarse, comunicándose con nosotros. Los niños no estarán solamente en contacto con quienes viven, sino que tendrán que aprender a comunicarse con los demás. Es de nosotros, los padres de quienes reciben el ejemplo de cómo comunicarse con los demás. Impacientándonos, hablándoles con rudeza y ordenándoles groseramente, no les damos un buen ejemplo. No le hablaríamos a nuestros amigos en la forma en que a veces les hablamos a nuestros hijos.

Cuando les hable a sus hijos, asegúrese de mostrarles que los respeta y los aprecia como seres humanos. Todos los niños necesitan del apoyo de la familia para seguir la senda de la cual hemos hablado. Conserve siempre la mejor disposición de comunicarse con sus hijos.

Encaminándolos así, serán semillas de justicia, rectitud y santidad, cuyos frutos perdurarán por varias generaciones.

www.ingramcontent.com/pod-product-compliance
Lightning Source LLC
Chambersburg PA
CBHW071517040426
42444CB00008B/1686